自分で結ぶ
結んであげる

おとなの半幅帯結び

コーディネートブック 単衣・夏きもの・ゆかた

座繰り糸にこだわる芝崎重一さんの、草木染の手織り熨斗目きもの。岩井香楠子作の型絵染や藍染めイカットなどの裂を紬地に切りばめして作った半幅帯で。（結び方は p.67 参照）

世界文化社

はじめに

半幅帯は自由でいい！半幅帯で、きものライフを楽しみましょう

2016年末に発売した『おとなの半幅帯結び スタイルブック』は、
おかげさまで毎年数回重版がかかり、いまやロングセラーとなっています。
多くの読者の皆様そして世界文化社の編集・販売の方々にあらためて感謝申し上げます。
付け下げや色無地、小紋などの普段きものと合わせることで
半幅帯の存在価値を広めたいと考えて出した一冊。
名古屋帯と遜色なく装える全31の結び方の詳しいプロセスを掲載し、
きものスタイルの新しい視点を提案したことが大変好評をいただいた理由なのではと思います。
第二弾となる本書は、前作で掲載していない単衣（ひとえ）のきもの、
夏きもの、ゆかたの素敵な半幅帯コーディネートをご提案するものです。

より幅広い読者層の方に読んでいただきたいと、近頃よくYouTubeで
共演させていただいているマドモアゼル・ユリアさんとタッグを組むことにしました。
掲載しているきものや帯は、壱の蔵コレクションを中心に個人収蔵作品や作家ものなど、
多くのご協力のもと、見応えのあるお品を揃えてコーディネートしています。
帯結びパートにはマドモアゼル・ユリアさんのアイディアがたくさんつまっています。
半幅帯の長さはものによってまちまちですし、当然、着る人の体型によっても変わってくるので、
あまり帯結びの完成形にとらわれなとらわれなくても大丈夫です。
長かったらたたむ、かわいく広げてみる、思いついたらどんどんアレンジしてみましょう。
こうでなくてはならないという決まりがない、自由に装えるのが半幅帯です。
ぜひ2冊ともお持ちいただいて、装いを楽しんでくださいね。

弓岡勝美

『おとなの半幅帯結び　スタイルブック』
2016年初版第1刷発行
ISBN978-4-418-16437-0

おとなの半幅帯結びコーディネートブック

目次

本書に登場する、主な半幅帯&角帯結びスタイル

＊どの帯結びも季節に関係なく、オールシーズン結ぶことができます。

かるた系

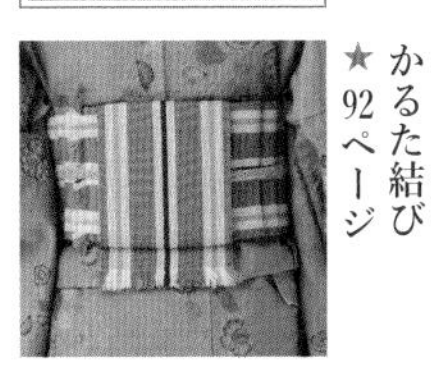

かるた結び
★92ページ

かるたりぼん
★95ページ

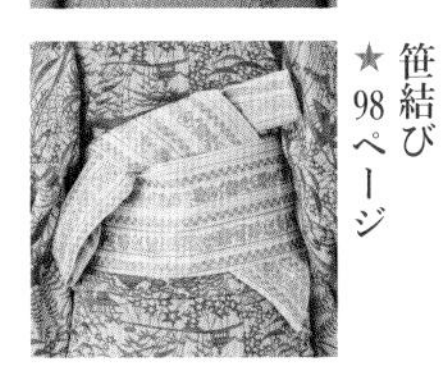

笹結び
★98ページ

文庫・りぼん系

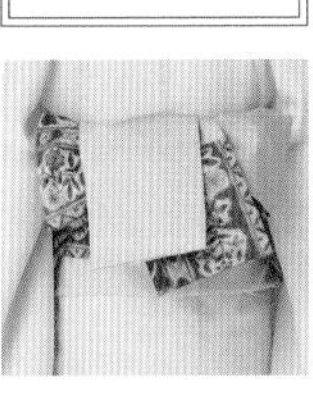

りぼん返し
★80ページ

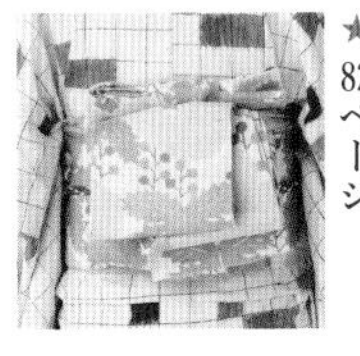

りぼんテール
★82ページ

クラシック文庫
★85ページ

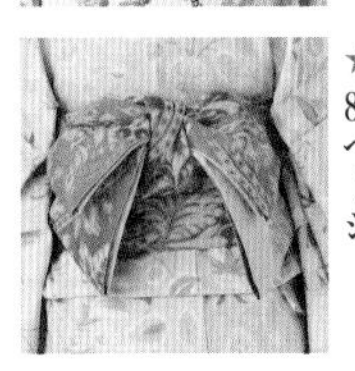

重ね文庫
★88ページ

お太鼓系

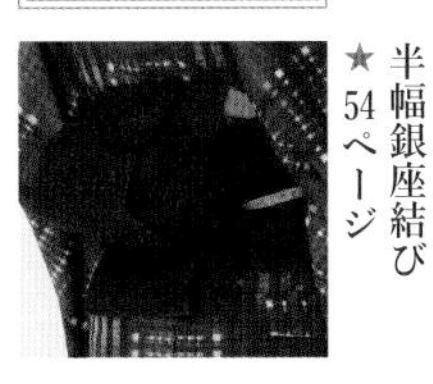

半幅銀座結び
★54ページ

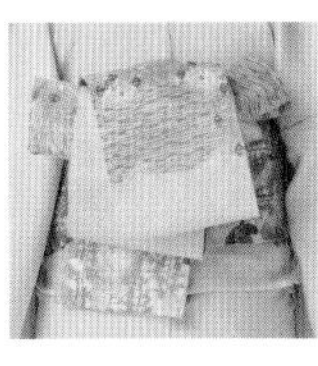

りぼん角出し
★58ページ

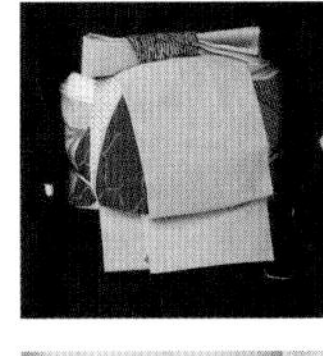

りぼんテールお太鼓風
★62ページ

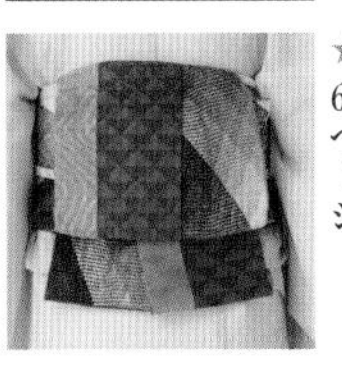

半幅太鼓
★67ページ

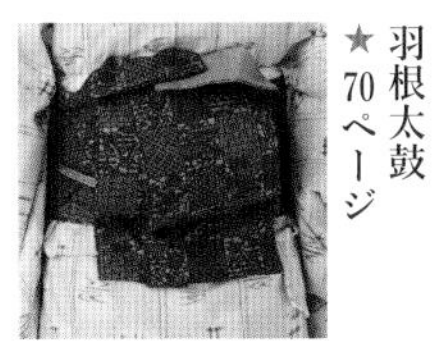

羽根太鼓
★70ページ

風船太鼓
★75ページ

貝の口系

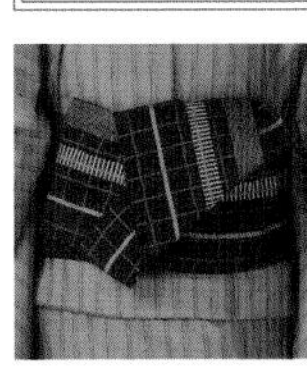

貝の口
★42ページ

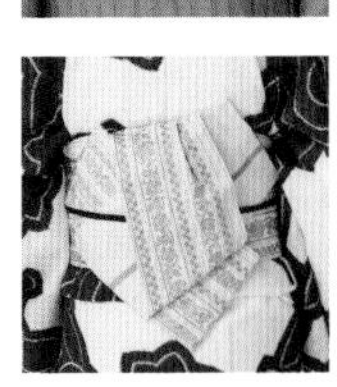

後見結び
★44ページ

片ばさみ
★48ページ

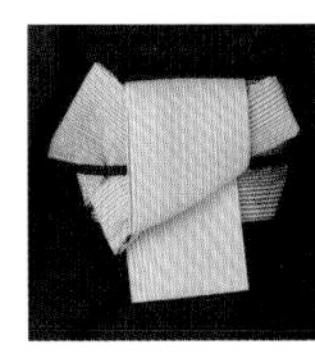

矢の字
★50ページ

角帯

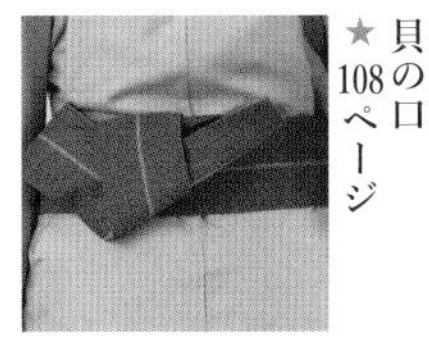

貝の口
★108ページ

浪人結び
★110ページ

マドモアゼル・ユリアが着る

半幅帯スタイル

単衣・夏きもの・ゆかた

コーディネート=弓岡勝美

**楚々とした着こなしに見えて
後ろ姿で華やかさを演出できる
半幅スタイルの醍醐味**

板締め絞りにブルーベリーが染められた裾暈かしのきものと、ダリアの花とつぼみを型絵染した帯。ともに岩井香楠子作です。作家ものの半幅帯を重ね文庫にして装うことで、品格と可愛らしさが際立ちます。翡翠（ひすい）の帯留めと青緑色の帯揚げを効かせています。（結び方は p.88 参照）

赤い絣の世界観を膨らませ
映画の主人公のような
佇まいを楽しんで

レトロかわいいユリアさんの私物の絣柄小紋の雰囲気に合わせて、岩井香楠子作パプリカ柄の帯で。象牙の帯留めと絞りの帯揚げで名古屋帯と同じように装い、帯結びはりぼんテールにして知的な雰囲気を演出。（結び方はp.82参照）

美しい小紋柄は
ワンピースを着るように
自由に装いたい

岩井香楠子作ブーゲンビリアの型絵染小紋に同系色の麻の半幅帯、帯揚げ・帯締めもトーンを揃えて洋服感覚のコーディネート。可憐なきものに似合うように、りぼん角出しで適度なボリューム感を出して。（結び方は p.58 参照）

粋なたて縞に
グラフィカルな帯を合わせ
工芸的でシックな装い

ユリアさん私物の透け感が涼しげな夏きもの。絞りで大きな丸を配した深緑色の半幅帯を羽根太鼓に結んで。グレーの半衿と螺鈿が施されたアンティークの千鳥の帯留めをポイントにしました。（結び方は p.70 参照）

芭蕉布の軽い着心地を生かして涼しく装う麻の半幅帯

私物の芭蕉布のきものを素敵に着こなすユリアさん。芭蕉布色に似合う、ブルーと茶色の麻の帯をコーディネート。かるた結びにしてボリュームを抑え、すっきりと着こなします。べっこうの千鳥の帯留めがアクセント。（結び方は p.92 参照）

有松絞りで制作した
ユリアさんオリジナルの新作
和染紅型できものテイストに

つばめは好きなモチーフのひとつというユリアさん。柳につばめを絞りで表し絵羽模様に配した藍色綿ゆかたには、京都の栗山工房の和染紅型帯を矢の字に結んで。帯締め＆帯留め・帯揚げ、半衿と足袋もつけてきもの風に。（結び方はp.50参照）ゆかた㊐橋爪合資会社

有松絞りユリアオリジナル
蜘蛛の巣柄のゆかたは
クールに装って

絞りの技法が生きる柄を考えて蜘蛛の巣をデザインしたそう。どんな年代でも着こなせるシンプルさが身上。笹結びしたバティックの帯、アタのバッグでリゾートテイストをプラスして軽快に。（結び方は p.98 参照）
ゆかた㊞橋爪合資会社

弓岡勝美×マドモアゼル・ユリア 対談

きものはファッション決まりごとから解放されて自由な装いを

「半幅帯の楽しさを再認識しました」
――マドモアゼル・ユリア

編集 現在10刷、大変好評の『おとなの半幅帯結び スタイルブック』の待望の続編、ようやくその時がきました。今回は弓岡先生のご提案でマドモアゼル・ユリアさんとの共著となり、さらに楽しい本になったのではと思います。そもそもおふたりの出会いをお聞かせいただけますか?

ユリア 弓岡先生のコーディネートが好きで、たまたま壱の蔵 青山サロンの近くに住んでいたこともあり、よく買い物にうかがっていました。分からないことを教えていただいたりしているうちに、私のYouTubeにも出演してくださって。

弓岡 ユリアさんは洋服姿も素敵、きもの姿も素敵。ファッションとして着こなす感覚がとても魅力的です。

編集 今回の撮影はいかがでしたか?

ユリア 帯結びを本を通して伝えるというのは、普段お教室で生徒さんたちに教えるのとはまた違った工夫が必要だったので大変勉強になりました。対面、動画、本、それぞれよい部分があるので、上手に活用していただけたらと思います。

弓岡 前作が好評いただいた理由のひとつに、半幅帯でもヒップラインがカバーできる結び方を多く掲載した

「単衣4か月の時代！
半幅帯なら自由度が増します」
——弓岡勝美

ことにあると考えたので、今回もそのあたりは踏襲しつつ、せっかくユリアさんと一緒につくるので、素敵な着姿やコーディネートをご提案して〝着たくなる本〟にしようと思いました。

ユリア　弓岡先生は私の好きなテイストを分かってくださっているので、どのコーディネートもとても素敵にしていただいて、帯結びだけでなくスタイリングの参考にもなる本になりましたね。

編集　最近はお稽古なら半幅帯でもかまいませんよとおっしゃるお茶の先生も多いようですし、半幅帯ももっと楽しみたいです。今回は、単衣のきものが多く登場しますね。

弓岡　そう、最近の気候を考えると単衣4か月の時代がやってきたと思うのです。約束ごとを楽しむのがきものの醍醐味ですが、一方でカジュアルファッションならばもっと自由でいい。洋服と同じように体感温度で選べばいいのです。たとえば花は温度を感じて咲くので、ツツジが咲いたら単衣、キンモクセイが終わったら袷（あわせ）、といったように花の時期で考えるのもひとつの目安なのではと思います。

ユリア　私もきものを着ることで自然に目を向けるようになって、花の名前を覚えました。

弓岡　ユリアさん、桜の下ではどんなきものを着たい？　桜模様？

ユリア　いえ、私は咲いている花を引き立てる装いでいたいですね。

弓岡　いいですね。考えは人それぞれかもしれませんが、そう考えたほうが装いがより楽しめると思いますよ。

ユリア　ゆかたはどうですか？　従来の考えだとお盆までと言われてきましたが。

弓岡　ゆかたに関しては夏祭りを基準にしたらいいと思いますね。地域によっては8月末に夏祭りがあるところもあるし、温暖化の中でお盆までとしてしまうと早すぎますよね。

編集　そうですよね。着慣れている方はどんどんアレンジを楽しんでほしいですが、ゆかたが初めてのきものという方は当然半幅帯から入るわけで。その半幅帯をきもので装って、名古屋帯も締めてみたくなるとか、きものの楽しみが広がるきっかけにもなるといいと思います。

花が告げる単衣の目安

桜の開花は、2月1日から日々の最高気温を合計して600度を超えると開花すると言われています。紅葉は一般的には朝の最低気温が8度前後を下回る日があってからしばらくして色付き出すそうです。きもの暦において6月と9月とされる単衣ですが、現代の気候に即した単衣の時期を、身近な花とともに考えてみました。参考までに。

25°C以上	25°C	22°C	20°C	16°C	12°C	8°C未満
盛夏	初夏	春	初秋/初春	秋	晩秋	冬
朝顔・ノウゼンカズラ	紫陽花（あじさい）・バラ	燕子花（かきつばた）	彼岸花/藤・ツツジ	キンモクセイ	紅葉はじめ	サザンカ・椿
夏きもの・ゆかた	単衣	単衣	単衣	単衣	袷	袷
半袖・ノースリーブ	半袖シャツ	長袖シャツ	カーディガン	セーター	トレンチコート	冬物コート・ダウンコート

弓岡勝美の半幅帯のコーディネート

単衣

紅花紬に岩井香楠子作型絵染の帯

山形・米沢の野々花染工房の紅花染めの紬。干支の辰をモチーフに染められた、青海波と渦巻きに龍が躍動する半幅帯とコーディネート。市松模様の型絵染の半衿と酸漿の帯留めを合わせて個性的な装いに。

※特に表記のないものは、すべて㊞壱の蔵 青山サロン

青戸柚美江作木綿絣に 岩井香楠子作切り継ぎ帯

深い紺色になるまで手間をかけてしっかりと染められた藍染め絣の出雲木綿です。岩井香楠子さんが自身の作品である桜の型絵染などを使用してイカットや紬などと切り継ぎして制作した半幅帯が映えます。

笠原博司作絣紬に 出雲織の木綿帯

人気作家のモダンな草木染の紬きものに草木染の出雲木綿の半幅帯を。片面は青戸柚美江さんの絞り模様、もう片面は息子の秀則さんが藍の濃淡で絣模様を表した、リバーシブルの親子競作になっています。

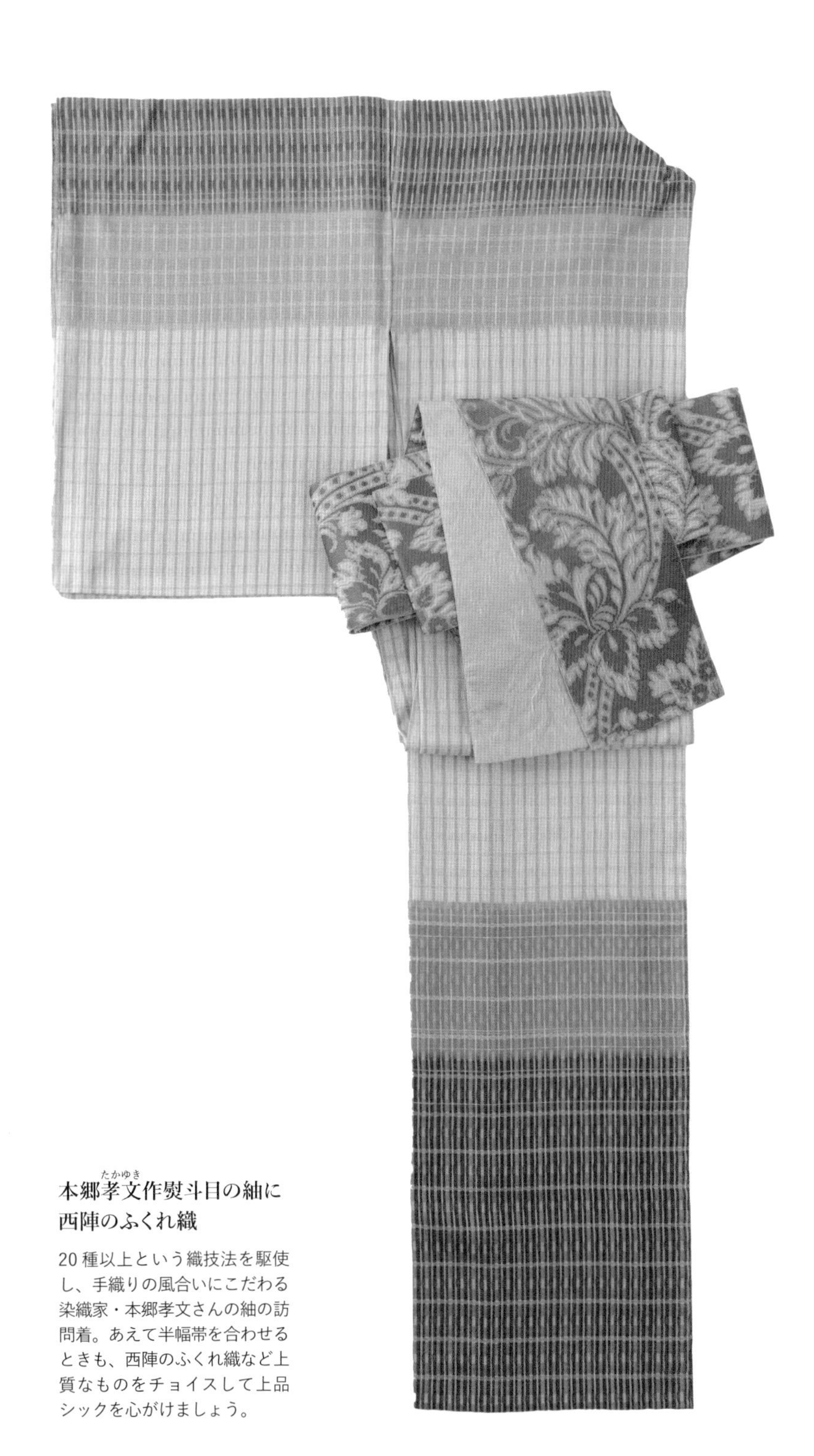

本郷孝文（たかゆき）作熨斗目の紬に
西陣のふくれ織

20種以上という織技法を駆使し、手織りの風合いにこだわる染織家・本郷孝文さんの紬の訪問着。あえて半幅帯を合わせるときも、西陣のふくれ織など上質なものをチョイスして上品シックを心がけましょう。

福井貞子作倉吉木綿と麻の帯の絣の競演

糸が細くて柄が細かい手の込んだ倉吉木綿の絵絣は、倉吉絣の研究と復興に貢献した福井貞子さんの作。綿薩摩に似た軽い着心地が特徴です。絣模様の麻の半幅帯で、地合いの雰囲気を合わせると落ち着きます。

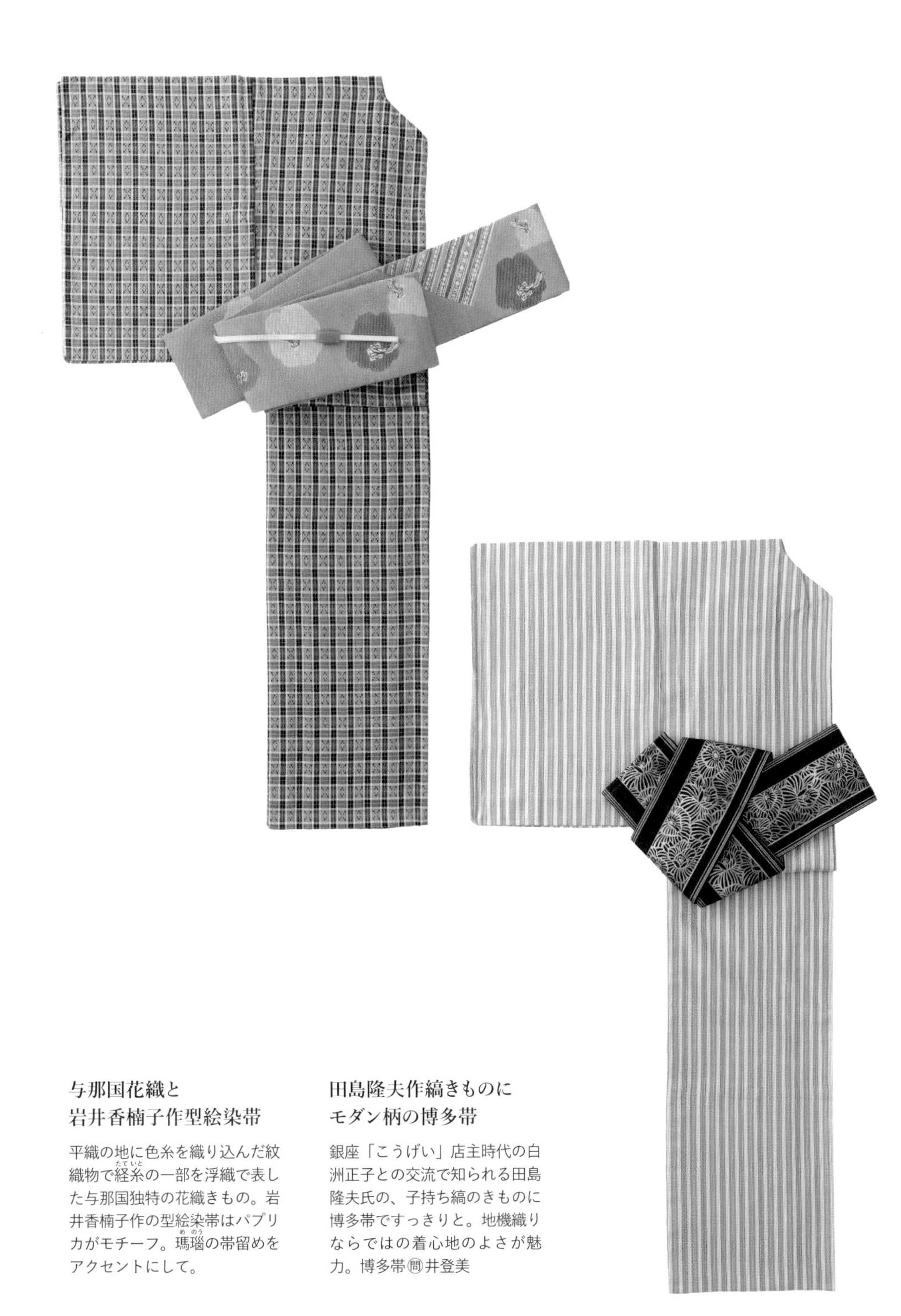

与那国花織と 岩井香楠子作型絵染帯

平織の地に色糸を織り込んだ紋織物で経糸の一部を浮織で表した与那国独特の花織きもの。岩井香楠子作の型絵染帯はパプリカがモチーフ。瑪瑙の帯留めをアクセントにして。

田島隆夫作縞きものに モダン柄の博多帯

銀座「こうげい」店主時代の白洲正子との交流で知られる田島隆夫氏の、子持ち縞のきものに博多帯ですっきりと。地機織りならではの着心地のよさが魅力。博多帯(問)井登美

単衣

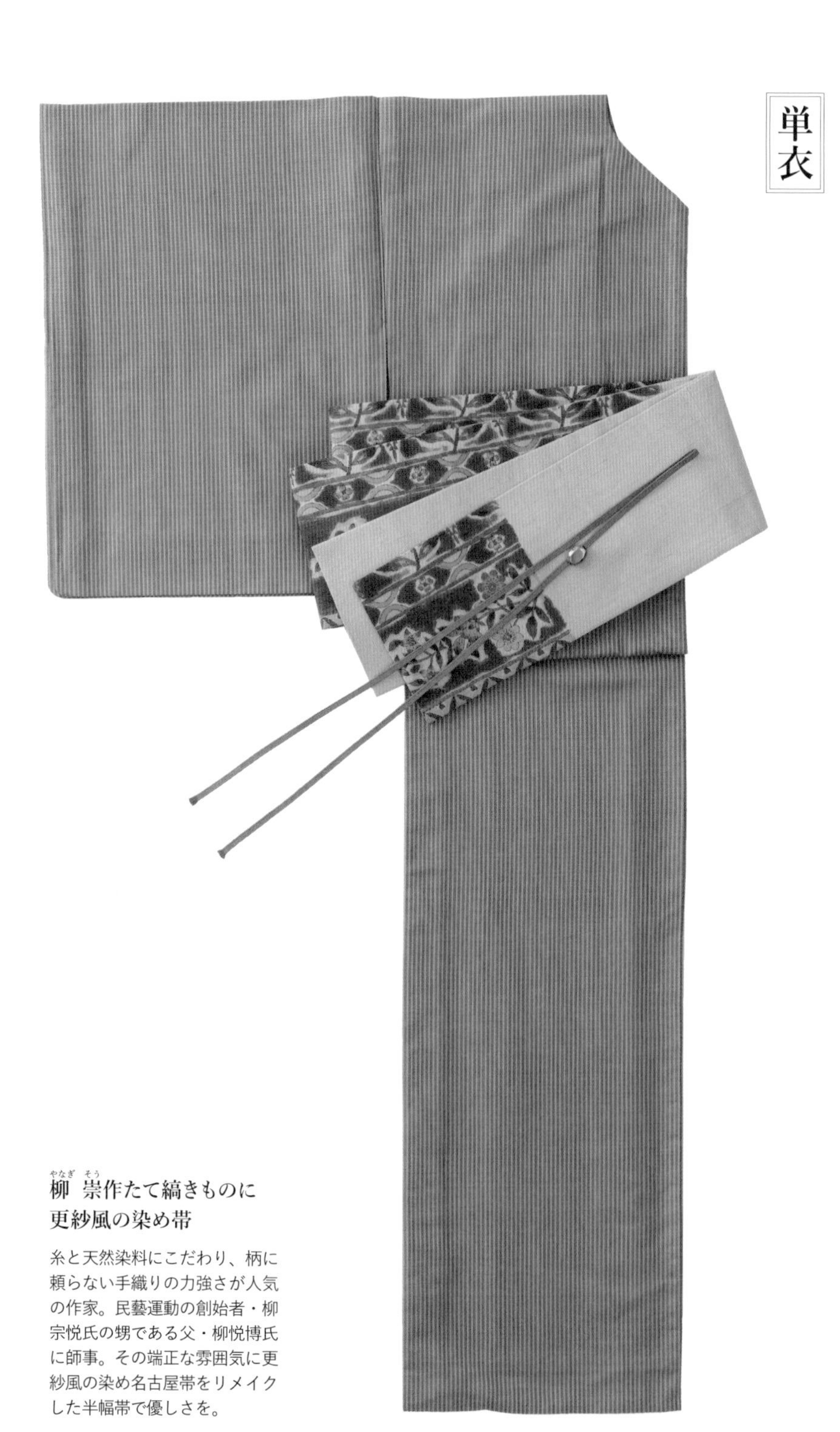

柳 崇作たて縞きものに
更紗風の染め帯

糸と天然染料にこだわり、柄に頼らない手織りの力強さが人気の作家。民藝運動の創始者・柳宗悦氏の甥である父・柳悦博氏に師事。その端正な雰囲気に更紗風の染め名古屋帯をリメイクした半幅帯で優しさを。

かつお縞の夏結城と
オクラの花の型絵染

結城紬の立役者・野村半平氏のかつお縞。夏結城は通常の結城紬と同じ真綿糸に、2割ほど苧麻糸を織り込んだ単衣向きの素材。黄色が爽やかな香南染工房の本間千香子さんの半幅帯に、陶器の帯留めで工芸の趣を。

貴重な夏結城と
岩井香楠子作の紫陽花

野村半平氏による絣模様の夏結城です。まさに贅沢極まる普段着に合わせる半幅帯は、名古屋帯として染められたものを仕立て直したもの。返しを裏に生かしてあります。淡いピンクの三分紐と瑪瑙の帯留めで。

八重山絣に絞り模様の半幅帯

ほっこりとした絣模様が工芸的な八重山紬に、絞りの技法で大きな丸を染め分けした半幅帯を合わせて。アケビの籠バッグやパナマの草履など、小物にも自然素材を取り入れてトータルで演出しましょう。

型染め小紋に紫根(しこん)染めの絞り

小千谷(おぢや)の紬地に型染めした小紋で、花の丸の部分だけに色が挿してあります。片方は紫根染め、もう片方は縞模様のリズミカルな半幅帯を選びました。結び方次第でさまざまな雰囲気が楽しめる取り合わせです。

伊差川洋子作紅型きものは
個性的な変わり帯で

松が配された青海波模様に、色づかいで熨斗目調のリズムをプラスしている紅型です。片面はブルーとベージュの縞の幾何学模様、もう片面は茶色地にコプト模様のような植物柄のリバーシブル帯を合わせて味わい深く。

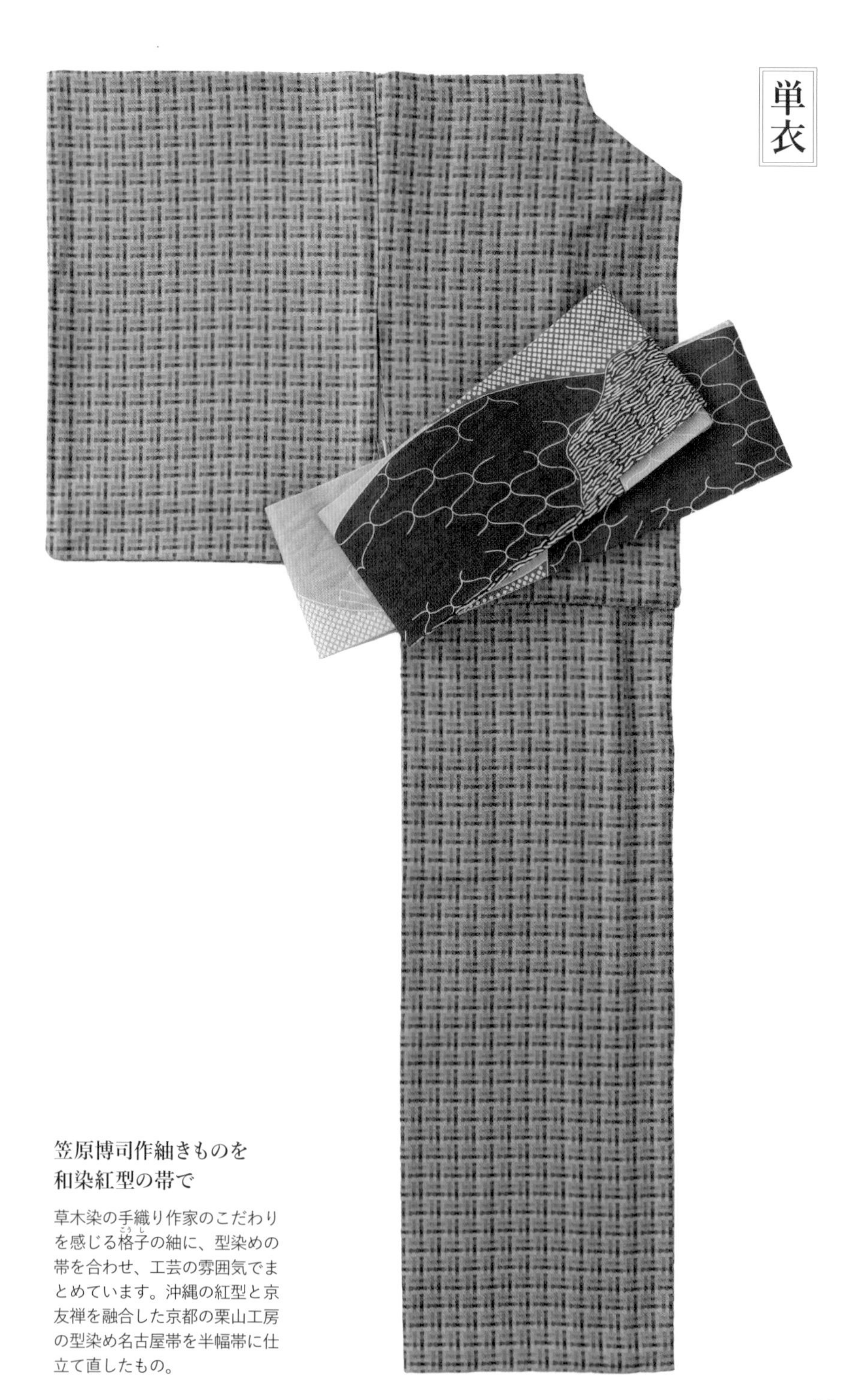

笠原博司作紬きものを和染紅型の帯で

草木染の手織り作家のこだわりを感じる格子（こうし）の紬に、型染めの帯を合わせ、工芸の雰囲気でまとめています。沖縄の紅型と京友禅を融合した京都の栗山工房の型染め名古屋帯を半幅帯に仕立て直したもの。

夏きもの

藍型(えーがた)の紅型を
博多帯ですっきりと

竪絽(たてろ)の生地に藍型（琉球藍でのみ染める模様染め）の紅型模様のきもの。作品としてはとても贅沢な夏きものですが、シンプルな博多の半幅帯を合わせて気軽に装ってみてもよいのではないでしょうか。

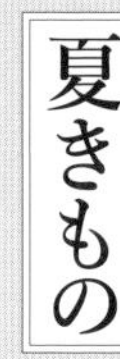

絽の小紋に博多帯
ゆかたに差をつける夏きもの

紫露草模様の小紋です。絽目が市松になっている変わり絽で、観劇やお茶のお稽古にもおすすめ。博多帯を合わせてすっきりと涼しく装って。帯締めのブルーが効いています。

風合いを楽しむきものに
同系色の帯でクールな装い

沖縄の多良間島で唯一の芭蕉交布の継承者である浜川史江さんのきものです。合わせた帯は、ヤツデの花を型絵染した岩井香楠子作名古屋帯を、半幅帯にリメイクしたもの。

越後上布に八重山上布の帯小物に趣を

日本三大上布のひとつ、麻織物の最高級品とされる越後上布。大麻ではなく苧麻糸を用いた平織。八重山上布の半幅帯を合わせました。帯締めの辛子色と帯留めの胡桃（くるみ）がポイントです。

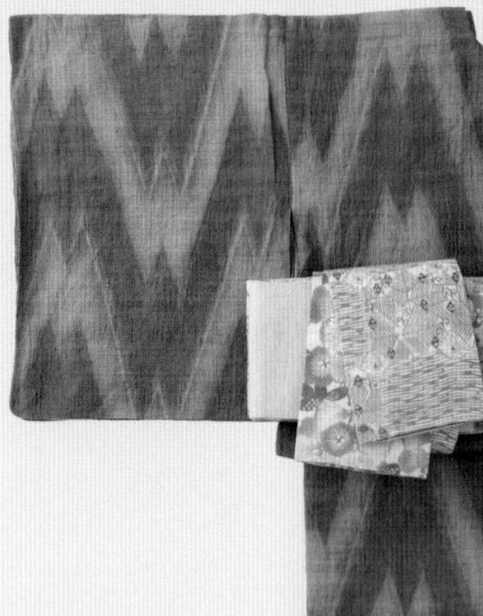

雪輪模様の絽の小紋に組織(くみお)りの帯で

雪輪柄が太い縞のように大胆に配された個性的な絽の小紋。全体にモノトーンの配色で、伊豆蔵製の組帯を合わせ、金糸入り帯締めをすれば、パーティにもおすすめしたい取り合わせ。

越後縮(ちぢみ)の絣きもの型絵染の帯で

大胆な絣模様の越後縮に岩井香楠子作さがり花の名古屋帯をリメイクした半幅帯で。個性的なきものは思い切った合わせ方も楽しいもの。色半衿を合わせるなど全体に遊び心で装って。

憧れの宮古上布に
柚木沙弥郎作型染め帯

いまや非常に入手が困難な日本三大上布のひとつ、宮古上布。柚木沙弥郎氏のグラフィカルな魅力を存分に引き出すコーディネート。虫喰珊瑚の帯留めがこだわりのポイントです。

大胆な縞の芭蕉布を バティックの帯で

糸芭蕉の繊維から作られる沖縄を代表する芭蕉布。着尺一反に約 200 本の原木が必要とされる貴重な夏織物です。バティックの帯と象牙のかんざしを合わせて南国情緒を楽しんで。

琉球絣×自然布 王道の取り合わせ

麻の風合いが涼しげな琉球絣に科布の半幅帯という夏の陽ざしに映えるスタイルです。絣がそこまで大きくないので、上品な雰囲気に。玉かんざしで沖縄テイストを演出してみました。

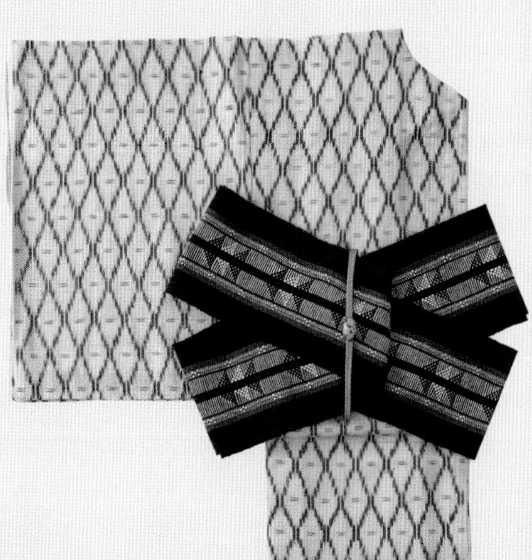

多良間島の芭蕉布に麻帯のブルーが似合う

沖縄本島・喜如嘉で学び多良間島に帰って制作を続けた西筋ヒデ作。縞模様の芭蕉布には、焦げ茶にブルーが入った麻帯を合わせて。ビードロつきオレンジ色の帯締めで、挿し色合わせを楽しんでみました。

夏久米島紬にミンサー帯 沖縄もの同士の組み合わせ

練色をベースに、泥染めの焦げ茶色の糸が絣の幾何学模様を生む夏久米島紬。単衣の終わり頃から秋口まで着られるので、比較的長く活躍します。紺のミンサー帯で引き締めて、グリーンの帯締めと個性的な帯留めを。

半幅帯の基本

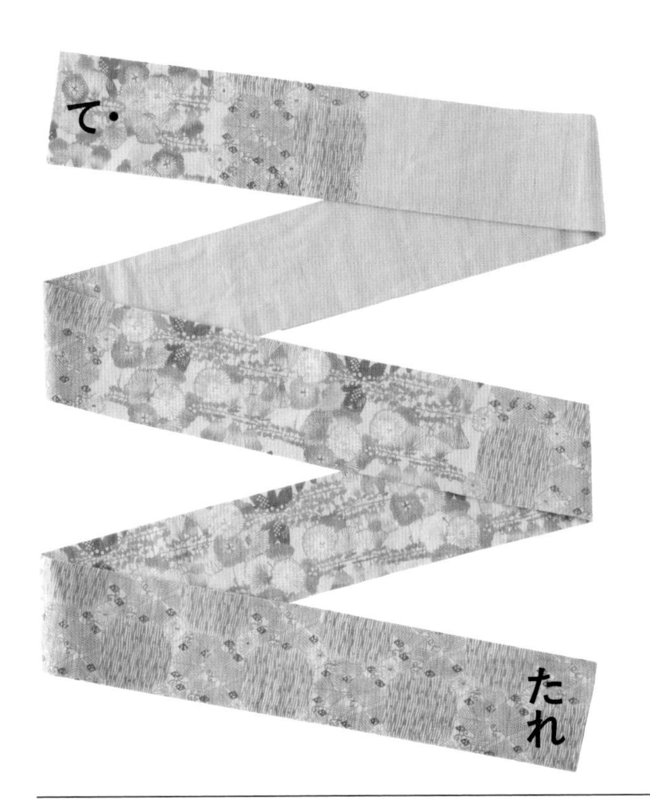

◉半幅帯のサイズ

半幅帯は、幅15〜16㎝、長さは3m60㎝〜4m20㎝が一般的です。それぞれの帯結びに適した長さがありますので、お手持ちの帯でいろいろ試してみてください。背の高い方は前帯をずらして巻いて、少し幅広く見せるなど、ご自身の着姿のバランスを見るようにしましょう。

◉てとたれ

帯結びをするときに最初の手掛けとなるほうの端をて、結びの形となるほうの端をたれと呼びます。半幅帯の場合、全体に続き柄のものはリバーシブルで使えるものも多く、そういったものは基本的にどちらの端がてでもたれでも構いません。てを肩などにあずけて胴に二巻きしたら、てとたれを結びますが、てが上になるように結ぶ「て先結び」とてが下になるように結ぶ「たれ先結び」があるので、最初にその部分をよく注意してみてください。

名古屋帯のお太鼓と違って、半幅帯の結び方に決まりはありません。余った部分を折りたたんだり、羽根になったところを開いたり、自由にアレンジして、自分なりの結び方を見つけるのも半幅帯の楽しみのひとつです。

マドモアゼル・ユリアの

半幅帯結び全17スタイル

「自分で結ぶ」と「結んであげる」というふたつの視点から、マドモアゼル・ユリア流の半幅帯結びをご紹介。帯の長さや厚さ、素材、織り、また着る方の体型や結び方などによって仕上がりが写真と異なることもあるかもしれませんが、それもまた半幅帯結びの自由さ、楽しさ。ぜひ自分流のアレンジを見つけてください。

半幅帯結びに使用するもの

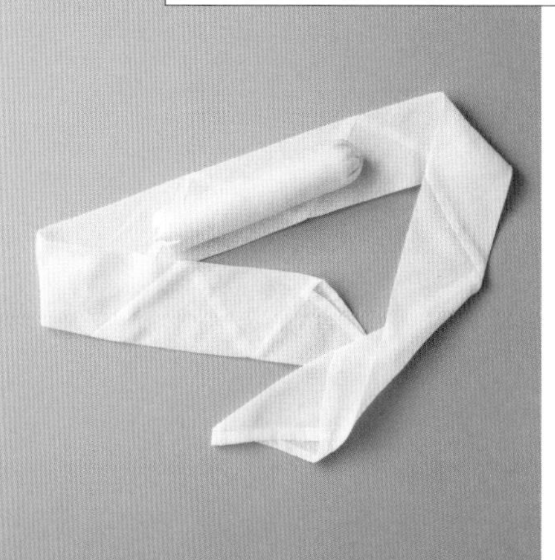

細めの帯枕

市販されているもののほか、薄手のタオルやてぬぐいなどを細長く巻いて帯揚げに包んで使用しても。

帯揚げ・帯締め

半幅帯をお洒落に装うなら、ぜひ帯揚げや帯締めを。帯留めをつける際は結び目をお太鼓部分に入れます。

仮紐

てやたれを一時的に押さえる紐。結びやすく、滑りのよいものが2～3本あると便利。

三重紐

三重のゴム紐の両端に紐がついたアイテムで、羽根をたくさんつくる際などに便利です。

マドモアゼル・ユリアの愛用品

半幅帯をもっと手早く簡単に結ぶために、ユリアさんが愛用するアイテムをご紹介。市販品のほか、自分で手作りしたアイディア小物も。

三重紐

市販品のレース付きのものや、自分で帯揚げに三重紐を縫い付けたものを愛用。見えてもお洒落になります。

手作りのゴム紐

幅広のゴムに面ファスナーをつけた、手作りのゴム紐。面ファスナーは縫い付けても、布用の強力な両面テープで貼り付けるだけでもOK。

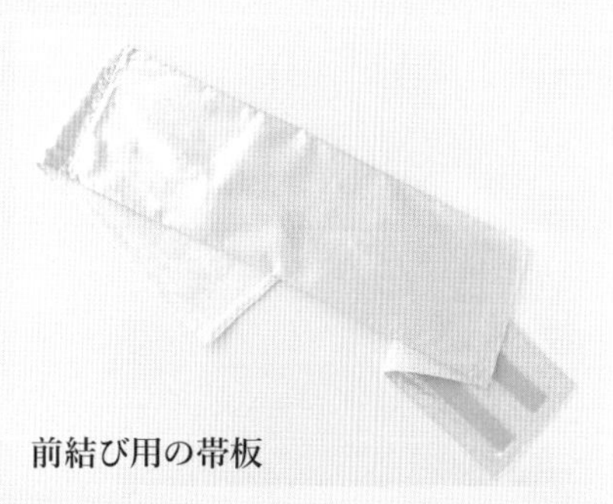

前結び用の帯板

滑りがよく帯をまわしやすい前結び用のものを愛用。帯をまわす際にきものが崩れにくいのもポイント。

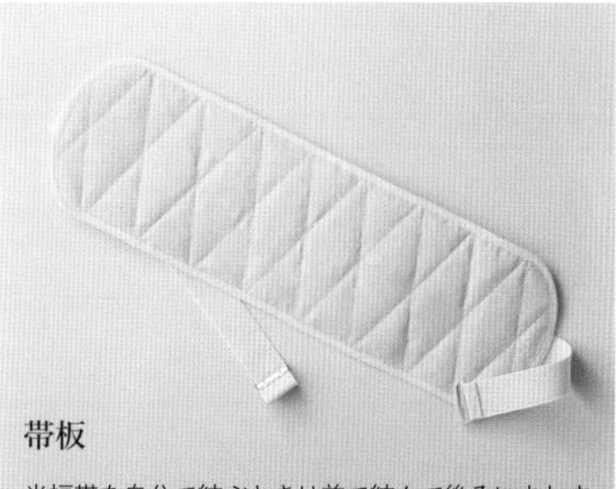

帯板

半幅帯を自分で結ぶときは前で結んで後ろにまわすため、帯板は帯を結ぶ前につけておきます。ゴム紐付きのものなどが使いやすく、ヘチマなど夏向きの素材を使用したものも揃います。

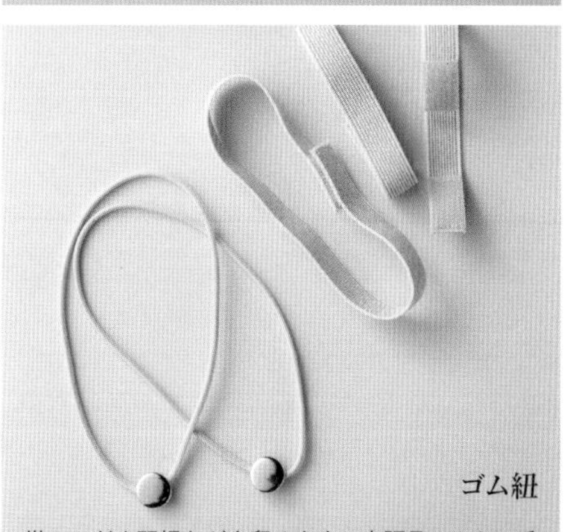

ゴム紐

帯のひだや羽根などを留めます。市販品のほか、手芸用ゴムや髪用ゴムなどで代用してもOK。

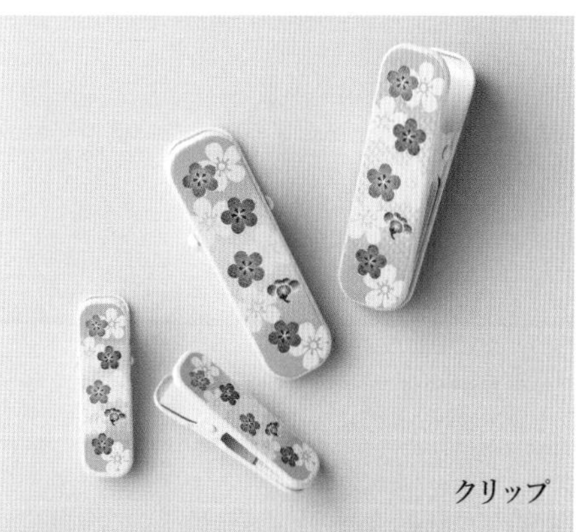

クリップ

帯を仮で留めておくのに便利。手が自由になるため、帯結びがよりスムーズになります。

ての長さを決める

帯結びは、帯の片方の端である「て」の長さを決めることから始まります。このての長さは帯の結び方によって変わりますが、40～60㎝が主流です。長さを測る際にはメジャーやものさしなどを使ってもよいのですが、より簡単で手軽な方法をご紹介します。

腕の長さで測る

自分の腕の長さも目安になります。あらかじめ自分の腕の長さを測り、把握しておきましょう。ユリアさんは自分の腕の長さを約60cmの目安にしています。腕の長さよりもての長さを短くとりたい場合や、逆に長くとりたい場合には適宜調整します。

自分の体のサイズを知っておくと便利です

腕の長さだけでなく、体の各パーツのサイズを知っておくと便利です。肩幅（ユリアさんの場合は約40cm）や、鎖骨の中心から親指の先までの長さ（ユリアさんの場合は約80cm）など、目安となる長さをいくつか把握しておくことで、帯結びがよりスムーズになります。

帯幅で測る

15～16cmの帯幅が多い半幅帯。この帯幅を利用することで、おおよその長さを測ることも可能です。写真のようにて先を三角に折ると帯幅一つ分の長さとなり、これを何度か繰り返すことでさらに長く測ることができます。

手幅で測る

手の指を広げたときに親指と小指の先端を結ぶ長さを手幅といいますが、腕を伸ばせない場合にはこの手幅を使って長さを測ることもできます。あらかじめ手幅を測り、自分の手幅一つ分（ユリアさんの場合は約18cm）の長さを把握しておきましょう。

帯を胴に二巻きする

帯結びの基本となる、胴に二巻きする方法です。帯結びのプロセスと重なる部分もありますが、一連の流れとして把握しておくようにしましょう。また、ここでは自分から見て右から左へ巻いていますが、逆でも問題ありません。帯がゆるむことなく、きちんと巻けるようになるまで、繰り返し練習しましょう。

1

ての帯幅を半分に折ったら、ての長さを決めます。このとき、半分に折ったてのわが上になるようにします。

2

そのままてを肩にあずけたら、半分に折ったての元を押さえながらたれを広げます。こうすることで巻き始めが自然と三角形に。

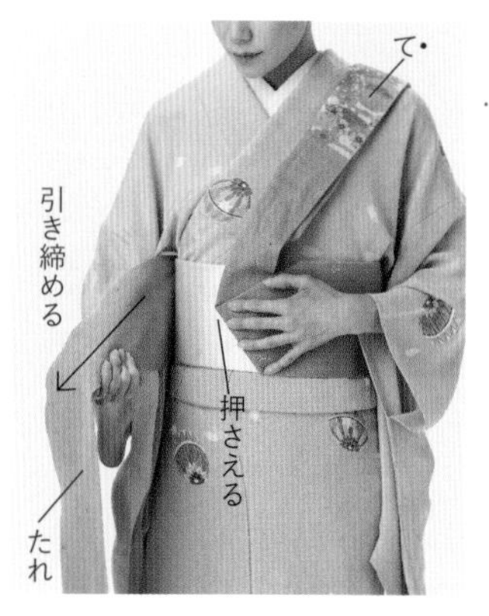

3

左手で巻き始めを押さえたら右手でたれの下側を持ち、前に引くようなイメージで締めます。

4

そのまま一巻き目に二巻き目を重ねます。

5

2でつくった一巻き目の三角形の下を持ち、しっかりと締めます。

三角形の下を持って引き締める

6

右脇の下線にクリップを留め、固定します。

7

たれを斜めに折り上げ、結びやすいように整えます。

たれ

斜めに折り上げる

8

体の中心でてとたれを結んだら、左右に引くようにして締めます。

9

さらにてとたれを前に引くようにして、再度締めます。

10

もう一度左右に引いて締めたら、結び目を立てましょう。結び目を立てることで、帯がほどけにくくなります。この後、好みの帯の形をつくります。

貝の口系帯結び❶

貝の口

結んであげる

男性の帯結びとしても人気の高い貝の口は、粋でクラシカルな雰囲気が魅力。手軽に結べるのはもちろん、すっきりとコンパクトな帯結びなので、観劇の際や移動時など、さまざまなシーンで活躍します。

夏黄八丈に幾何模様の博多織半幅帯を合わせて、きりっと引き締まったコーディネートに。汎用性が高く、短めの帯も活用できる帯結びです。

obi◦memo

素材・絹
長さ・約3m60cm
適した帯・長すぎないもの
難易度★

用意するもの

●クリップ（1個）

1

ての長さを約40㎝とって胴に二巻きしたら、左下をクリップで留めます。

＊帯を胴に二巻きするまでについては、40～41ページ参照。

2

てを外します。てとたれの長さが同じになるように、たれの余分を内側に折り込みます。

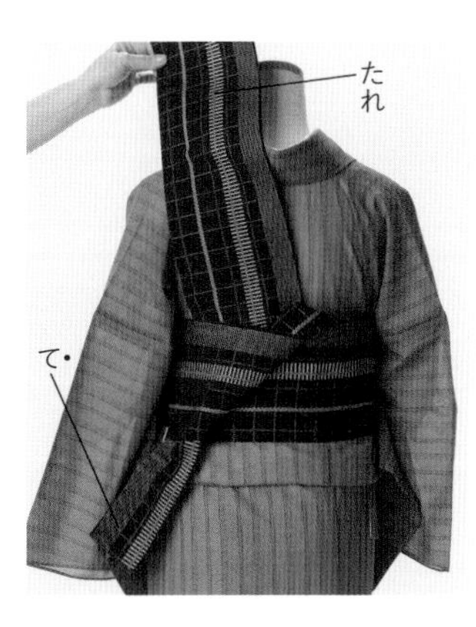

3

てをたれの下に下ろしたら、たれが上になるように、てとたれを結びます。

4

てを斜めに折り上げます。

5

たれを斜めに下ろしたら、たれをての中に通してたれ先を出します。

6

バランスを整えたらクリップを外して、でき上がり。

後見結び

自分で結ぶ

日本舞踊などで後見人が結んでいたことに由来する帯結びです。本来は袋帯で結ぶこの帯結びを、半幅帯で再現しました。凛とした帯姿を楽しめるのに加え、腰まわりが隠れるため、体型カバーにも効果的です。

トライバルな雰囲気のある綿麻紅梅のゆかたに、淡いブルーとグレーの博多織半幅帯を合わせ、涼やかに。

obi・memo

素材 ・ 絹
長さ ・ 約3m80cm
適した帯 ・ ハリのあるもの
難易度 ★★

用意するもの

●クリップ（3個） ●仮紐
●帯揚げ ●帯締め

1

て・は折らずに長さを約55㎝とって胴に二巻きし、たれを斜めに折り上げたら右下をクリップで留めます。

＊帯を胴に二巻きするまでについては、40～41ページ参照。

2

たれが上になるように、て・とたれを結びます。

3

て・を元からきれいに広げます。

4

たれも元からきれいに広げたら、結び目から手幅一つ分ほど下で片ひだをたたみます。

5

ひだの下に仮紐を当てて結び目の上で固定し、後ろで仮結びします。

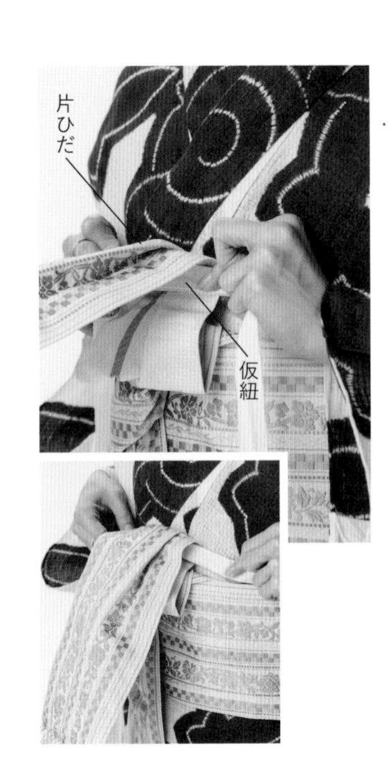

6

仮紐の上にたたんだ帯揚げをかぶせ、後ろで仮結びします。

7

たれ先をひざ下くらいの長さになるよう内側に折り上げ、クリップで留めます。

8

て•をたれの下で斜めに折り上げてクリップで留め、角をきれいに出します。

9

たれの半分あたりを持ち、そのまま内側に折り上げながら、わ・か・らて・の中に通します。その際、7でたれに留めたクリップは適宜外しましょう。たれは引き抜かず、たれ先として残します。

10

全体のバランスを整えたら、それぞれの角をきれいに出します。帯締めを通して後ろで仮結びし、留めてあるクリップをすべて外します。

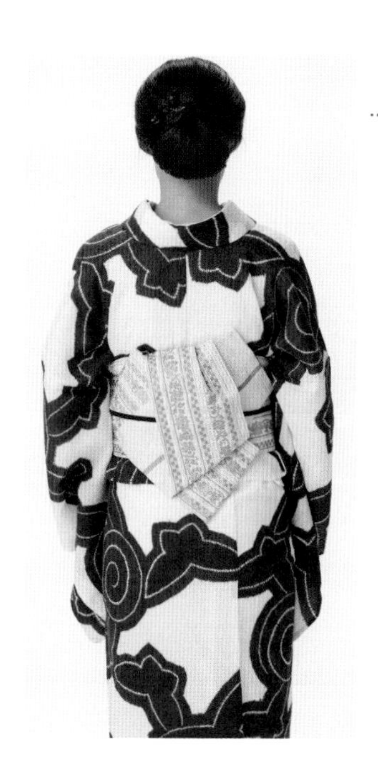

11

帯を右まわりに後ろにまわします。仮紐と帯揚げ、帯締めを結び直してでき上がり。

貝の口系帯結び③

結んであげる

片ばさみ

体のラインに沿うすっきりとしたシルエットで人気の片ばさみ。クールな雰囲気を楽しみたいときはもちろん、アクティブなシーンにもおすすめの帯結びです。

深い藍色が美しい読谷山（ゆんたんざ）ミンサー織の半幅帯は、きりっとした印象の片ばさみにも映えます。琉球絣のクリーム色の単衣と合わせて爽やかに。

obi・memo

素材・絹
長さ・約3m60㎝
適した帯・長すぎないもの
難易度 ★

用意するもの

●クリップ（1個）

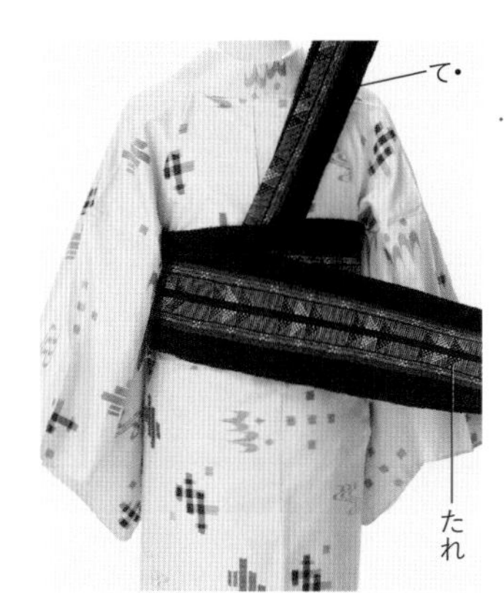

1

ての長さを約40cmとって胴に二巻きしたら、左下をクリップで留めます。

＊帯を胴に二巻きするまでについては、40～41ページ参照。

2

たれの長さが背中心から約60cmになるようにたれの余分を内側に折り込み、1で留めたクリップに挟み込みます。

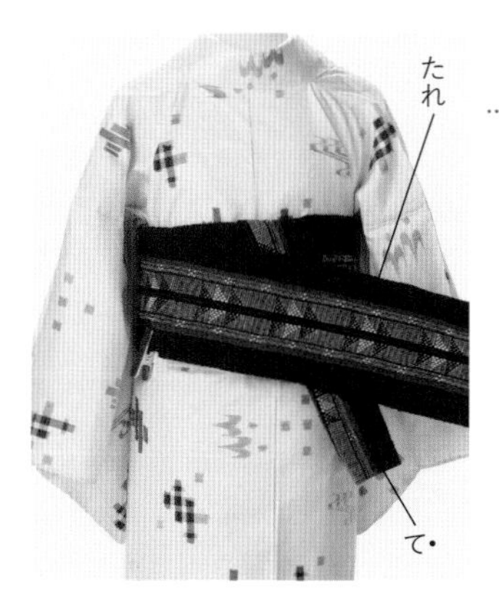

3

てを外し、たれの下に下ろします。

4

たれが上になるように、てとたれを結びます。

5

たれを胴に巻いた一巻き目と二巻き目の間に入れ、たれ先を引き出します。

6

て先とたれ先が同じ長さになるように調整し、長い場合には折り込みます。クリップを外してでき上がり。

貝の口系 帯結び④

矢の字

結んであげる

おとなの半幅帯結びの定番ともいえる矢の字をユリア流に。落ち着いた雰囲気の中に可愛らしさも感じられる帯結びです。たれがあることで腰まわりをカバーすることができる点や、帯の長さや厚さ、素材などを問わず結びやすい点も魅力です。

松原孝司作形染の縞模様の帯に、本場結城紬（ゆうきつむぎ）を合わせて。カジュアルにもシックにも装える帯結びです。

obi・memo

素材・絹
長さ・約4m20cm
適した帯・硬すぎないもの
難易度 ★★

用意するもの

- クリップ（1個）
- 仮紐
- 帯揚げ
- 帯締め

1

ての長さを約60㎝とって胴に二巻きしたら、左下をクリップで留めます。

＊帯を胴に二巻きするまでについては、40～41ページ参照。

2

てを外し、たれの下に下ろします。

3

たれを折り上げるようにての中に通し、ゆるまないよう軽く引き締めます。このとき、たれ先を引き抜かないように注意しましょう。

4

たれを肩にあずけ、たれ先の長さを決めます。長さが決まったら仮紐を当てて固定し、帯の下線あたりで結びます。

5

肩にあずけたたれを外し、下ろします。

6

たれの下にたたんだ帯揚げを入れ、たれの長さが帯幅の約2倍になる位置に当てます。

7

帯揚げとたれを一緒に持ち上げて帯の上線で固定し、前で仮結びします。

8

てをたれの下で斜めに折り上げます。

9

たれをての中に通してたれ先を出します。て先とたれ先の長さがだいたい同じになるように調整し、長い場合には折り込みます。

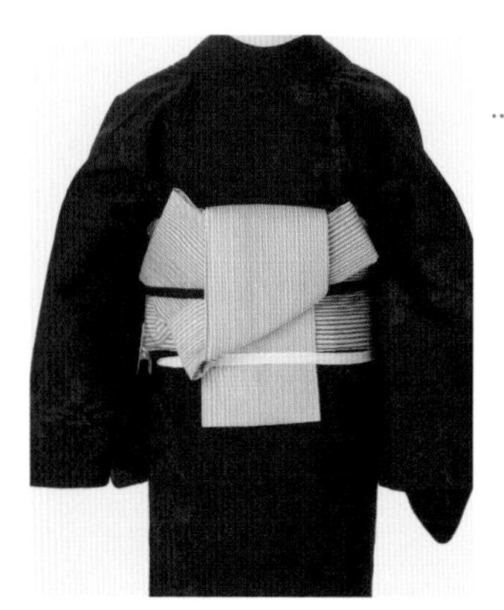

10

矢の字の中に帯締めを通して結んだら、クリップと仮紐を外してでき上がり。

ゆかたにもおすすめ「矢の字」の魅力は小粋さと可愛らしさ

おとなのゆかたの着こなしとして、半衿をつけるスタイルもスタンダードに。半衿をつけた際には、帯揚げや帯締め、足袋もセットにすることで、きちんと感を出すことができますが、そんなときにおすすめな半幅帯結びが「矢の字」です。小粋な雰囲気の中に、可愛らしさのエッセンスがプラスされ、コーディネートに適度な抜け感を演出できます。

お太鼓系 帯結び 1

自分で結ぶ

半幅銀座結び

モダンでこなれた印象が人気の銀座結びも、半幅帯でつくることができます。お太鼓部分の下側にボリュームを出すことを意識すると、より銀座結びらしくなります。

多彩な色づかいが印象的な紬の単衣に、名古屋帯を仕立て替えた麻の帯を合わせ、小物でアクセントの色味をプラス。

obi memo

素材・麻
長さ・約4m40cm
適した帯・柔らかいもの、長めのもの
難易度★★

用意するもの

- クリップ（1個）
- 帯枕
- 帯揚げ
- 仮紐
- 帯締め

1

胴に帯を二巻きし、てとたれの長さがほぼ同じになるよう調整したら、右下をクリップで留めます。

＊帯を胴に二巻きするまでについては、40 ～ 41ページ参照。

2

たれを斜めに折り上げたら、てとたれを元から帯幅の半分に折ってから結びます。このとき、てとたれはどちらが上でも問題ありません（写真ではてが上）。

3

2の結び目の下で、もう一度てとたれを結びます。下側にボリュームを出すために2回結びますが、長さが足りない場合には1回でも。その場合はなるべく下側で結びましょう。

4

てとたれで蝶々結びをします。羽根の大きさは体の幅くらいにし、左右を同じ長さにしましょう。

5

てとたれを元からきれいに広げ、たれ先とて先の長さを揃えたらバランスよくずらします。結び目から手幅一つ分ほど下で、てとたれの下に帯枕を当てます。

6

帯枕をてとたれと一緒に持ち上げて結び目の上で固定し、後ろで仮結びします。

7

帯枕の上に帯揚げをかぶせ、後ろで仮結びします。

8

たれ先の長さを決めたら仮紐を当てて固定し、帯の下線あたりで後ろで結びます。

9

お太鼓の大きさを調整したら、お太鼓に帯締めを通します。

10

船底型になるように意識しながらお太鼓を決めたら、帯締めを羽根の下に入れ込むようにして後ろで仮結びします。クリップや仮紐を外し、右まわりで帯を後ろにまわします。

11

帯枕の紐と帯揚げ、帯締めを結び直してでき上がり。

お太鼓系 帯結び❷

結んであげる

りぼん角出し

羽根のたらし方やりぼん（角）のバランスを変えることで、
アレンジしやすい帯結びです。
ご自身の身長や体型、きものの雰囲気などに合わせて、
さまざまな表情を楽しんでください。

岩井香楠子作の涼し気な麻の型絵染帯を、楊柳地の飛び柄小紋に合わせて。観劇や食事会にも最適な、華やかで品のあるコーディネートに。

obi・memo

素材・麻
長さ・約4m20㎝
適した帯・硬すぎないもの
難易度 ★★

用意するもの

- ●クリップ（1個）
- ●帯締め（お好みで）

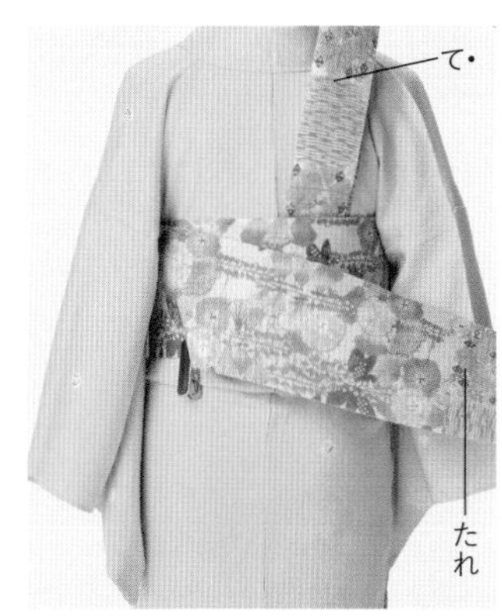

1

ての長さを約40㎝とって胴に二巻きしたら、左下をクリップで留めます。

＊帯を胴に二巻きするまでについては、40～41ページ参照。

2

たれを斜めに折り上げたらてを外し、たれの下に下ろします。

3

たれが上になるように、てとたれを結びます。

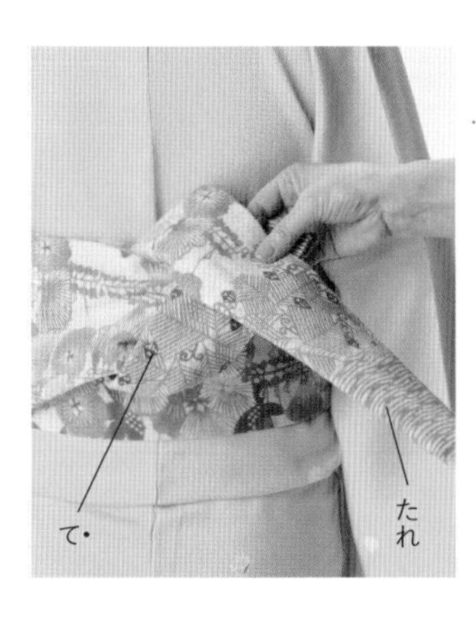

4

てを斜めに折り上げます。たれを元から帯幅の半分に折ったら、ての上に斜めに下ろします。

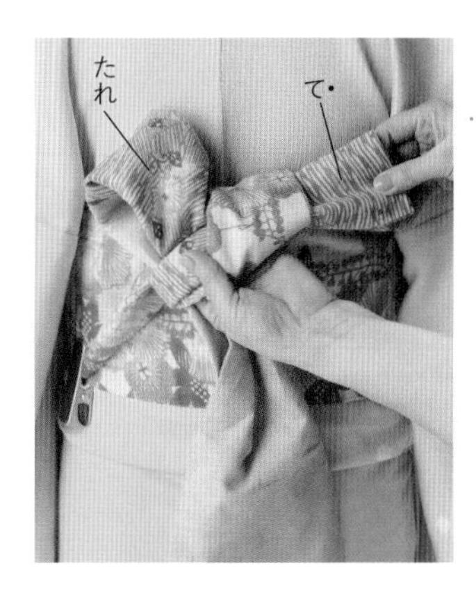

5

たれをての中に通し、片花結びの要領で結びます。

6

左右の羽根が肩幅くらいになるよう調整します。

7

たれを元からきれいに広げます。

8

たれ先を下から結び目に通して上に引き出します。

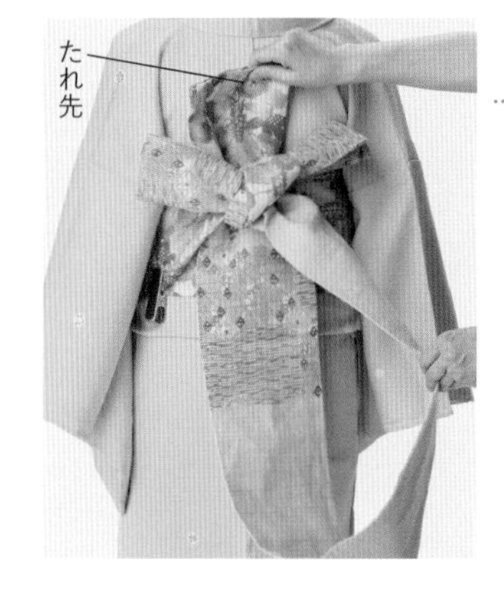

9

結び目にかぶせるようにたれを下ろします。

10

下りているたれの半分あたりを持ち、そのまま折り上げるようにたれのわ・を下から結び目に通します。

11

たれはすべて引き抜かず、たれ先を残すようにします。引き出したたれをかぶせ、羽根の重なりを調整したらクリップを外してでき上がり。

one point advice

帯締めでアクセントを

装いのアクセントとして、お好みで羽根の下に帯締めを入れて結んでも。

アレンジしやすい「りぼん角出し」で自分流を見つける

羽根の長さや重ね方を変えたり、たれ先を短くしてみたり、りぼん（角）の大きさを変えてみたりなど、「りぼん角出し」は半幅帯ビギナーの方でもアレンジしやすい帯結びです。また、比較的シンプルな手順にもかかわらず、凝った帯結びに見えるのもポイント。いろいろと試して、自分にフィットする結び方をぜひ、見つけてみてください。

お太鼓系 帯結び③

自分で結ぶ

りぼんテールお太鼓風

お太鼓の上にりぼんをのせてアクセントを加えた、
きりっとした雰囲気のなかに可愛らしさも感じさせる帯結びです。
りぼんは小さめにまとめることで、
スマートな仕上がりになります。

青戸柚美江作の出雲絣の単衣に、栗山工房の和染紅型の帯を合わせ、シックで洗練された印象の装いに。

obi・memo

素材・絹
長さ・約4m20cm
適した帯・長めのもの
難易度 ★★★

用意するもの

●クリップ（1個） ●三重紐
●帯揚げ ●仮紐 ●帯締め

1

てを約60㎝とって胴に二巻きし、たれを斜めに折り上げたら右下をクリップで留めます。

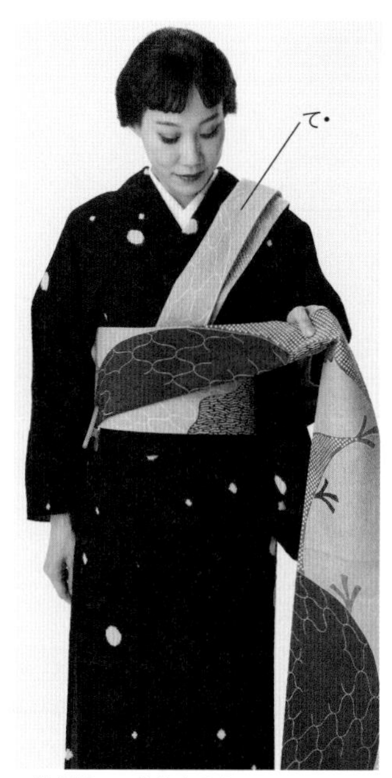

＊帯を胴に二巻きするまでについては、40～41ページ参照。

2

てを外し、たれの下に下ろします。

3

たれをての中に通し、片花結びの要領で結びます。上に出したたれの輪は、片手が通せるくらいの大きさにし、しわを整えます。

4

てを元から帯幅の半分に折ったら、さらにその半分に折ります。ここがりぼんになるため、きれいに重ねるように折りましょう。

5

ての長さを半分にたたんだら、わになっている部分からたれの輪に通し、左右が同じ長さになるよう調整します。

てのわから通す

6

下りているたれを下に引き、りぼんの結び目を締めます。

7

三重紐をりぼんの下に当て、後ろで仮結びします。

8

三重紐の上にたたんだ帯揚げをかぶせ、後ろで仮結びします。

9

たれを元からきれいに広げたら、三重紐（帯揚げ）から15cmほど上にたれのわ・がくるように折り上げ、重なったたれどうしが同じ長さになるよう整えます。

10

9でつくったたれのわ・から15cmほどの部分を、三重紐にかけて入れ込みます。

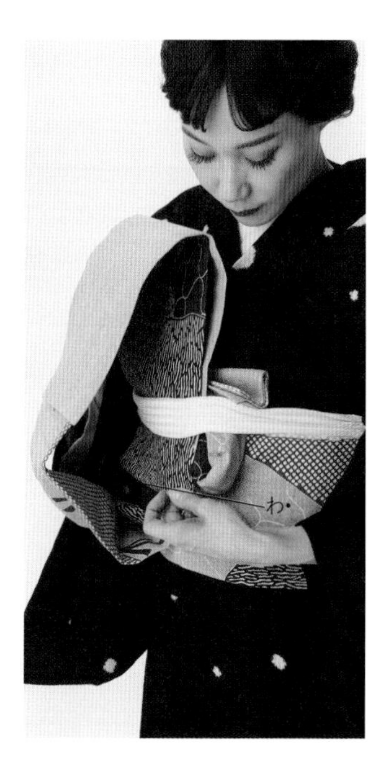

11

重なったたれをバランスよくずらして広げ、お太鼓となる部分を整えます。

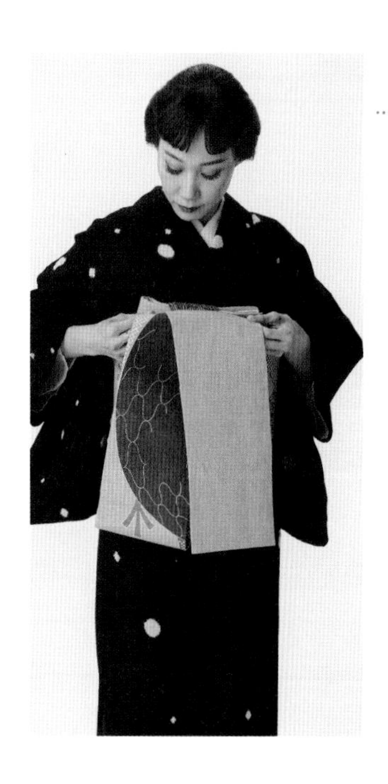

12

たれ先の長さを決めたら仮紐を当てて固定し、帯の下線あたりで後ろで結びます。

13

お太鼓に帯締めを通し、帯の下線に当てます。

14

お太鼓の大きさや丸みなどを調整したら帯締めを後ろで仮結びし、クリップや仮紐を外します。

15

帯を右まわりで後ろにまわしたら、三重紐と帯揚げ、帯締めを結び直してでき上がりです。

りぼんは立てたり寝かせたりと、お好みのスタイルで。また、りぼんの端を開くなどして、表情をつけるのもおすすめです。

お太鼓系 帯結び④

半幅太鼓

結んであげる

「きちんと見え」が叶う、半幅帯でつくるお太鼓結びです。帯の表と裏が出るため、リバーシブルの帯がおすすめ。おとなっぽくフォーマル感のある仕上がりです。

落ち着いた色合いの単衣の色無地に、組織りの帯を合わせてモダンな雰囲気に。品のある装いで改まった席にも。

obi memo

素材・絹
長さ・約4m40㎝
適した帯・長めのもの、ハリのあるもの
難易度 ★★★

用意するもの

●クリップ（2個） ●仮紐
●帯枕 ●帯揚げ ●帯締め

1

ての長さを約60cmとって帯を胴に二巻きしたら、左下をクリップで留めます。

＊帯を胴に二巻きするまでについては、40～41ページ参照。

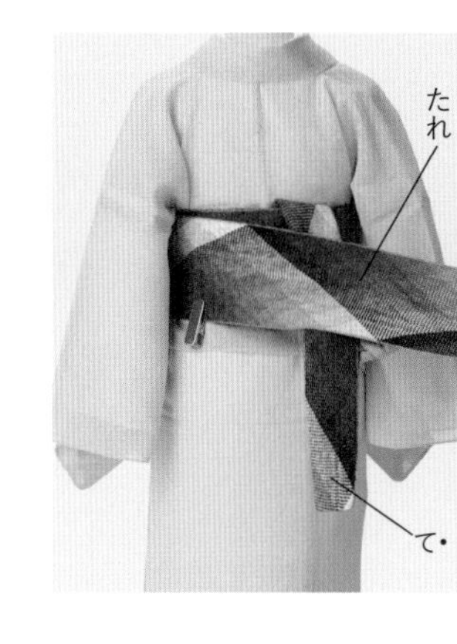

2

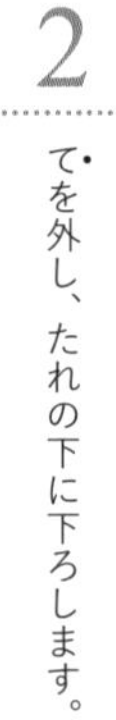

てを外し、たれの下に下ろします。

3

たれが上になるように、てとたれを結びます。このとき、たれをすべて引き抜かないようにしましょう。

4

たれ先を約10cm残します。

5

たれをきれいに整えて二つに折ります。たれのわを4のたれ先に重ねてバランスよく広げたら仮紐を当てて固定し、帯の下線あたりで結びます。

6

たれを下ろし、帯揚げをかけた帯枕をたれの内側に当てて前で仮結びします。

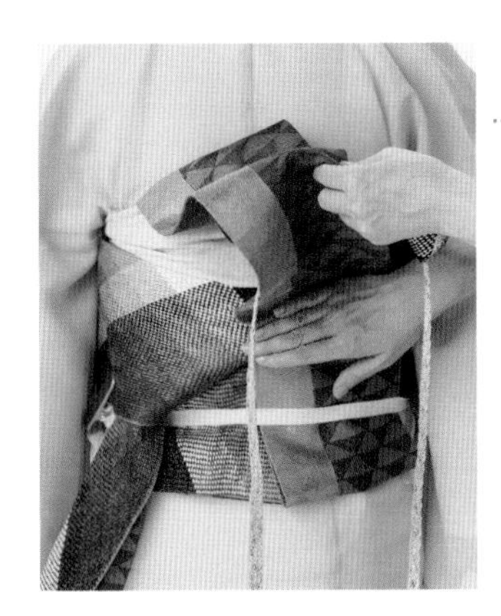

7

お太鼓に帯締めを通したら、たれを折り上げるようにしてお太鼓の大きさを決めます。

8

重なっているたれをバランスよくずらして広げ、お太鼓を整えます。

9

お太鼓がずれないようにクリップで留めます。

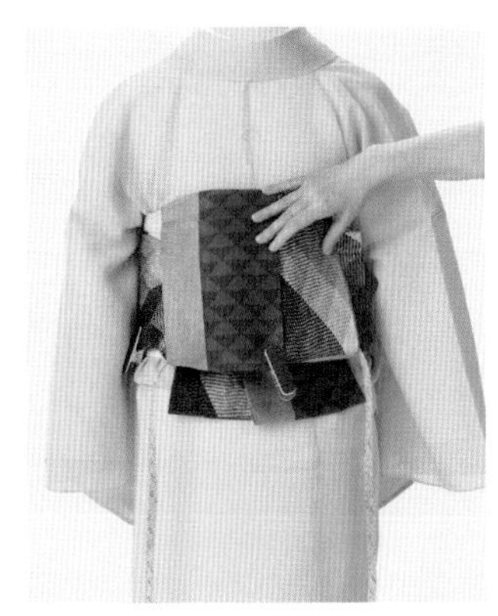

10

て•を広げてお太鼓の中に通したら、帯締めの位置を調整し前で結びます。帯枕の紐と帯揚げを結び直し、クリップや仮紐を外して完成です。

「半幅太鼓」は、たれ先で遊んでも

「半幅太鼓」は、2枚あるたれ先をまっすぐ揃えると名古屋帯のお太鼓結び風に見える結び方。2枚のたれ先をあえてずらしたり、長さを変えたりして遊びを加えることもできます。

お太鼓系 帯結び 5

自分で結ぶ

羽根太鼓

羽根をのぞかせることで、お太鼓に華やかさをプラスしています。手がかかっているように見えて、実は結ぶ工程は1回だけ。あとは挟んだり押さえたりするだけでつくることができる帯結びです。

清涼感のある絣の単衣に、グリーンの濃淡で表現した型染めの帯を合わせて。気軽なお出かけに最適です。

obi memo

素材・絹
長さ・約4m20cm
適した帯・硬すぎないもの
難易度 ★★

用意するもの

- クリップ（1個）
- 三重紐
- 帯揚げ
- 仮紐
- 帯締め

1

帯幅の半分に折ったてを、手幅一つ分の長さをとって胴に二巻きし、たれを斜めに折り上げたら右下をクリップで留めます。

＊帯を胴に二巻きするまでについては、40～41ページ参照。

2

てが上になるように、てとたれを結びます。このとき、て先をしっかりと立てましょう。

3

三重紐を結び目の上に当て、後ろで仮結びします。

4

たれ先を帯幅の半分に折ったら、三重紐の二本目に挟みます。このとき、上に出したて先とたれ先の長さが揃い、わがそれぞれ外向きになるよう調整しましょう。

5

たれを元からきれいに整えたら、下りているたれのわ・から手幅一つ分ほどの部分を三重紐の一番外側にかけて入れ込みます。

三重紐（一番外側）

わ・

6

重なっているたれをバランスよくずらして広げ、お太鼓となる部分を整えます。

7

三重紐の上に帯揚げをかけ、後ろで仮結びします。

8

たれ先の長さを決めたら仮紐を当てて固定し、帯の下線あたりで後ろで結びます。

9

お太鼓に帯締めを通して後ろで仮結びをしたら、クリップや仮紐を外します。

10

左右の羽根を開きます。

11

羽根のバランスを見て、開き方や重なり方などを調整します。

12

帯を右まわりで後ろにまわし、三重紐と帯揚げ、帯締めを結び直してでき上がり。

羽根のあしらい方で表情が変わる「羽根太鼓」

この帯結びのポイントとなるのはやはり「羽根」。羽根の開き方や立体感の出し方、左右の重なり方などによって見え方が違ってきます。また、帯の厚さや素材などでも仕上がりが変わるので、帯による表情の違いを研究してみるのも楽しいかもしれません。特にリバーシブルの帯はその特性を効果的に使うことができるのでおすすめです。

お太鼓系 帯結び⑥

風船太鼓

自分で結ぶ

紙風船のようなお太鼓がキュートな帯結びです。
工程数は少なくありませんが、
お太鼓をつくってしまえばあとは結ぶだけ。
リバーシブルの帯でコントラストを楽しみましょう。

縮緬地の単衣小紋に、岩井香楠子作の型絵染の麻帯を合わせて。リバーシブルの帯を最大限に生かすことができます。

用意するもの

●クリップ（3個） ●三重紐
●帯揚げ ●仮紐（2本） ●帯締め

obi・memo

素材・麻
長さ・約4m20㎝
適した帯・厚すぎないもの、硬すぎないもの
難易度 ★★★

1

平らな台の上に帯を置き、片方の端から帯幅二つ分のところで直角に折り上げます。

2

1の角と合わせて直角になるよう、裏から折り上げます。角がずれないようにクリップで留めます。

3

2の工程を繰り返します。

4

クリップを留めた辺を自分側に返すようにして裏返し、たれとつながっている辺にたたんだ帯揚げ→三重紐の順に置きます。クリップをずらして、帯と帯揚げ、三重紐がずれないようにまとめて留めます。

5

てのの長さを約40㎝とって帯を胴に二巻きし、たれを斜めに折り上げたら右下をクリップで留めます。

＊帯を胴に二巻きするまでについては、40 ～ 41ページ参照。

6

てを外し、たれの下に下ろします。お太鼓を通すための大きめの輪をつくったら、たれを持ってお太鼓をたぐり寄せるように通します。

7

お太鼓が崩れないように気をつけながら引き抜き、たれが上になるようにてとたれを結びます。

8

てを元からきれいに広げます。

9

広げたてをお太鼓の左右の幅よりも広くなるように折りたたみ、仮紐を当てて後ろで結びます。このてが羽根になります。

10

クリップ留めしてある三重紐と帯揚げを、帯の上線あたりで後ろで仮結びします。

11

下りているたれをきれいに整えます。

12

たれ先の長さを決めたら仮紐を当てて固定し、帯の下線あたりで後ろで結びます。

13

てを押さえていた一本目の仮紐を外し、余ったたれをお太鼓の下できれいに折り込みます。

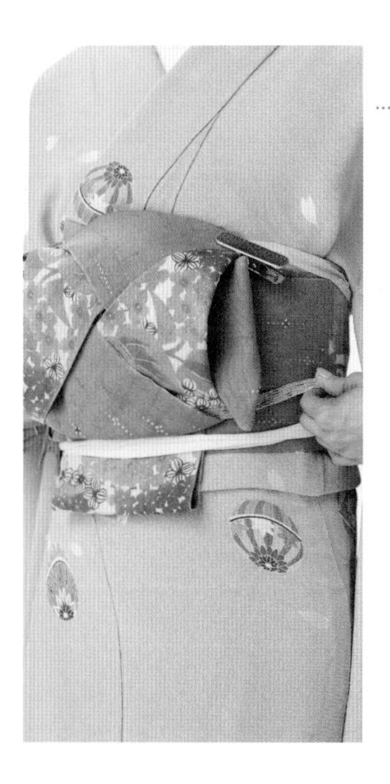

14

13にお太鼓をかぶせたら、お太鼓に帯締めを通して後ろで仮結びします。お太鼓を固定するため、帯締めはお太鼓の下線に合わせ、羽根の下を通すようにしましょう。

15

クリップと残りの仮紐を外し、帯を右まわりで後ろにまわします。

16

三重紐と帯揚げ、帯締めを結び直してでき上がりです。

文庫・りぼん系 帯結び❶

りぼん返し

結んであげる

ふっくらとさせたりぼんが可愛らしい雰囲気の帯結びです。手間をかけているように見えますが、蝶々結びをつくったら、あとはかぶせるだけという手軽さ。時間がないときにもさっと結べて、お洒落に仕上がります。

単衣の色無地に合わせたのは、草花模様の更紗風の帯。無地部分もあるため、出す場所によって異なる印象に。柔らかく、可愛らしい雰囲気の装いにぴったりの帯結びです。

obi◉memo

素材・絹
長さ・約4m20cm
適した帯・短すぎないもの、硬すぎないもの
難易度★

用意するもの

●クリップ（1個）

1

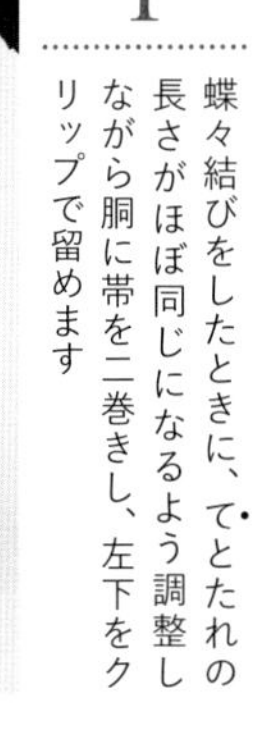
蝶々結びをしたときに、てとたれの長さがほぼ同じになるよう調整しながら胴に帯を二巻きし、左下をクリップで留めます

＊帯を胴に二巻きするまでについては、40～41ページ参照。

2

たれが上になるように、てとたれを結びます。

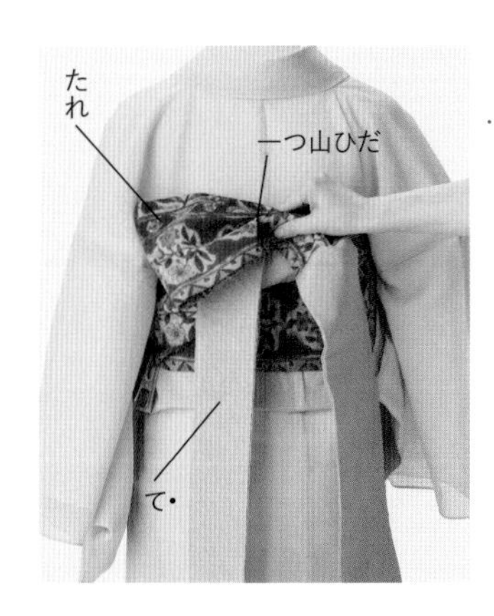

3

たれで片方の羽根をつくり、背中心のあたりで一つ山ひだをとります。

4

てを3でつくった羽根のひだにかぶせたら、たれの下を通して蝶々結びし、左右の羽根の大きさや形を調整します。

5

下りているてとたれを重ねて持ち、結び目の下からて先とたれ先を通します。

6

通したて先とたれ先を上に引き出したら結び目の上にかぶせ、お好みのバランスで整えればでき上がり。

文庫・りぼん系 帯結び❷

自分で結ぶ

りぼんテール

りぼんとテール（たれ）の表情で魅せるこの帯結びの魅力は、自由度が高いこと。りぼんの大きさや開き方、テールの長さや重ね方などによって印象が変わるので、さまざまな帯でアレンジを試してみるのもおすすめです。

黄色のオクラの花を表現した型絵染の帯と、格子にランダムに色を配したアートな雰囲気の紬の単衣を合わせて。

obi・memo

素材・麻
長さ・約4m25cm
適した帯・短すぎないもの、硬すぎないもの
難易度★★

用意するもの

●クリップ（1個） ●三重紐
●帯揚げ ●帯締め（お好みで）

1

て・の長さを約60㎝とって胴に二巻きし、たれを斜めに折り上げたら右下をクリップで留めます。

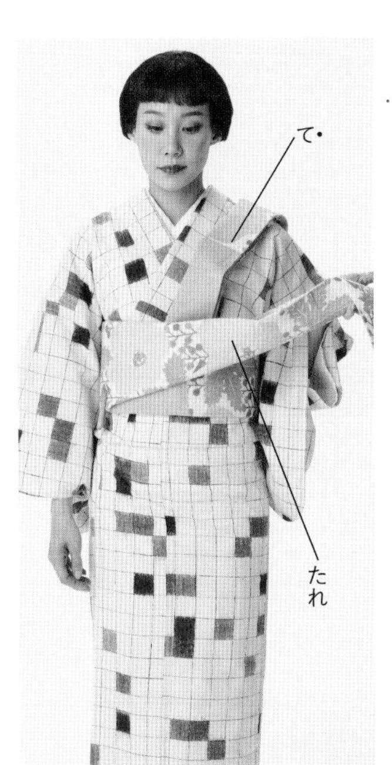

＊帯を胴に二巻きするまでについては、40～41ページ参照。

3

帯幅の半分に折ってあるて・を、さらにその半分に折ります。ここがりぼんになるため、きれいに重ねるように折りましょう。

2

て・を外してたれの下に下ろしたら、たれをて・の中に通し、片花結びの要領で結びます。上に出したたれの輪の大きさは、片手が通るくらいにし、しわなどを整えます。

たれの輪
たれ
て・

4

て・の長さを半分にたたんだら、わ・になっている部分から2のたれの輪に通し、左右が同じ長さになるよう調整します。下りているたれを下に引き、りぼんの結び目を締めます。

5

三重紐をりぼんの下に当てて後ろで仮結びしたら、その上にたたんだ帯揚げをかぶせて後ろで仮結びします（ここでは三重紐を帯揚げに縫い付けたものを使用）。

6

肩幅くらいの長さになるよう調整しながらたれを屛風だたみにしたら、三重紐に通します。

7

三重紐の上に出ているたれを下ろし、バランスよくずらして調整します。

8

りぼんを調整したら、クリップを外して帯を右まわりで後ろにまわし、三重紐と帯揚げを結び直して完成です。アクセントで帯締めをする場合は、たれの下に通して結びましょう。

クラシック文庫

文庫・りぼん系 帯結び③

結んであげる

半幅帯の結び方の定番でもある文庫結びは、羽根を下向きにすることで可愛らしくなりすぎず、おとなの雰囲気に。きちんと感を出したいときは厚い帯を、こなれ感を出したいときは柔らかい帯を、といったように使う帯によっても印象が変わります。

バラが咲き誇る白地の綿絽（めんろ）ゆかたに、アンティークの紗（しゃ）の小紋からリメイクされた帯を合わせて。文庫結びにすることでさらに華やかな雰囲気に。

obi memo

素材・絹
長さ・約4m25cm
適した帯・短すぎないもの、硬すぎないもの
難易度★★

用意するもの

●クリップ（1個）●ゴム紐

1

てーの長さを約60cmとって帯を胴に二巻きしたら、左下をクリップで留めます。

＊帯を胴に二巻きするまでについては、40～41ページ参照。

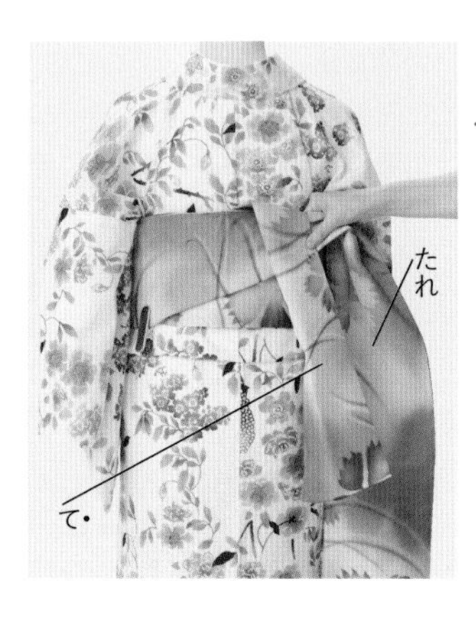

2

たれを斜めに折り上げたらてを外し、たれの上に下ろします。

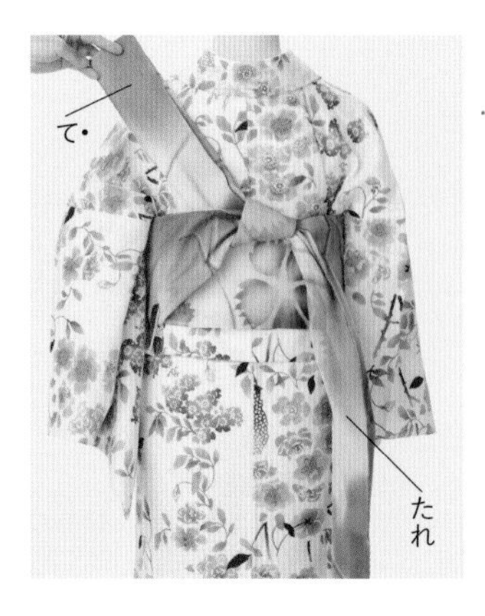

3

てが上になるように、てとたれを結びます。

4

たれを元からきれいに広げます。

5

文庫の羽根をつくります。ここでは、たれ先から約50cmをとります。

6

約50cmの長さになるようにたれを内側にたたみます。文庫が落ちないよう、たたんだ際にたれ先が結び目の位置より先にくるようにします。

7

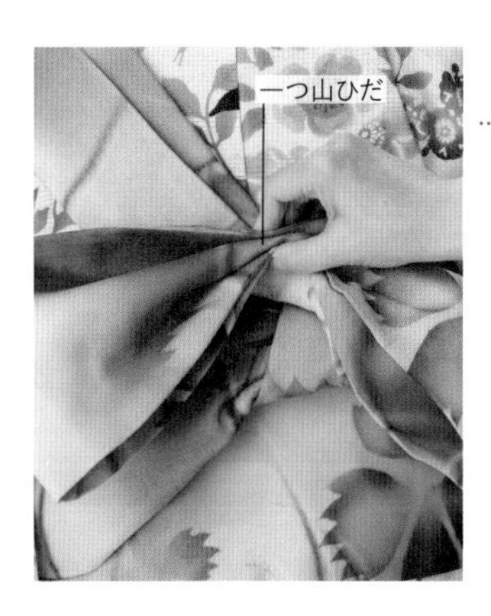

羽根の中央に一つ山ひだをとります。

8

ひだをとったところをゴム紐で留めます。

9

てをゴム紐で留めたところにかぶせます。

10

て先を結び目の下から通して上に引き出します。

11

上に引き出したて先を帯の内側に挟み、下に引き出します。余ったて先は下のように処理します。クリップを外して羽根の形を整えたら完成です。

one point advice

余ったて先の処理

余ったて先はこのように処理しましょう。
結び目の台の役割も果たすため、帯が安定します。

1 余ったて先を先端からぐるぐると巻きます。

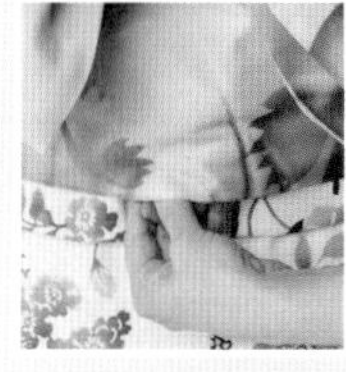

2 巻いた部分をたてにして帯の内側に入れ込みます。

文庫・りぼん系 帯結び④

自分で結ぶ

重ね文庫

文庫を二つ重ねた、ボリューム感と華やかさが特徴の帯結びです。文庫の結び目を細くタイトにすることで、可愛くなりがちな文庫結びにシャープなニュアンスを加えています。

欧風文様を織り出したふくれ織の帯と、紬地に辻が花模様をあしらった単衣を合わせ、上品で淑やかな装いに。

obi・memo

素材・絹
長さ・約4m20cm
適した帯・長めのもの
難易度★★

用意するもの

●クリップ（1個） ●ゴム紐
●帯揚げ ●帯締め

1

てつの長さを約40㎝とって帯を胴に二巻きしたら、右下をクリップで留めます。

＊帯を胴に二巻きするまでについては、40～41ページ参照。

2

たれを斜めに折り上げたらてを外し、たれの上に下ろします。

3

てが上になるように、てとたれを結びます。

4

たれを元からきれいに広げたら屏風だたみにします。上にくる羽根が少し短くなるように長さを調整しながら、二枚の羽根をとって重ねましょう。

5

二枚の羽根を重ねたまま中央に二つ山ひだをとり、ゴム紐で留めます。

二つ山ひだ

ゴム紐

6

てと羽根の上に帯揚げをかけ、後ろで仮結びします。

7

てを一度ねじって細くタイトにし、ゴム紐で留めた部分にかぶせます。

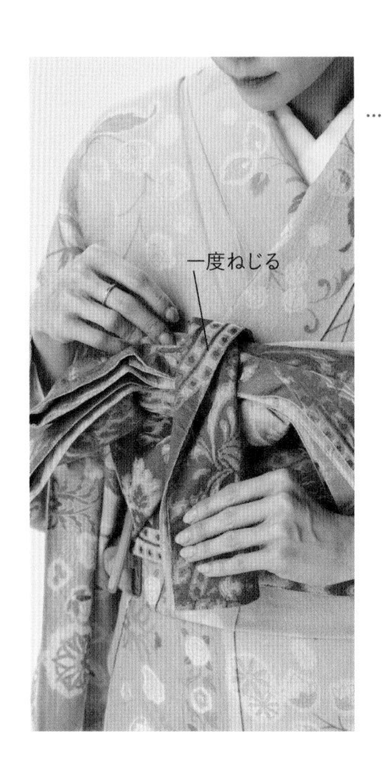

8

ての内側に帯締めを当て、ての余分を内側に折り込みます。

余分なて先は折り込む

9

帯締めを後ろで仮結びしたら、羽根が下向きになるよう整えます。

10

四枚の羽根の全体のバランスを整えたら、クリップを外します。

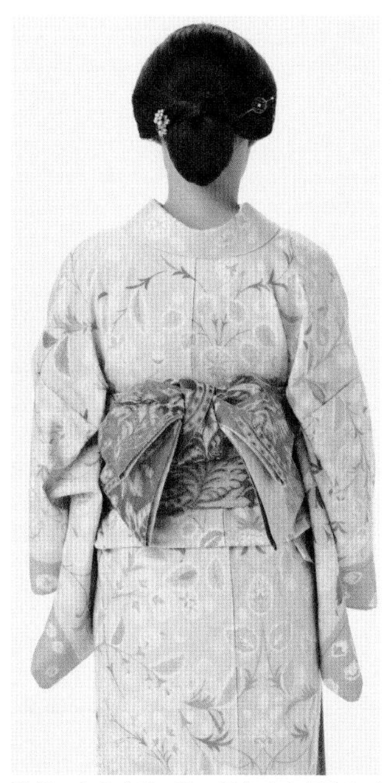

11

帯を右まわりで後ろにまわし、帯揚げと帯締めを結び直したら完成です。

羽根の大きさは、帯の長さやお好みに応じて調整を。帯の両面が見えるため、リバーシブルのものを使うとより華やかな印象になります。

かるた系帯結び❶

自分で結ぶ

かるた結び

折り紙感覚でぱたぱたとたたむだけでつくれる、結ばない帯結びです。とても簡単にできるという点はもちろんですが、短い帯や硬い帯、羅（ら）や自然布などのデリケートな帯を活用できる点も魅力です。

辻が花模様の単衣小紋に、縞模様を織り出した帯を合わせて。たれ先の房を生かしてアクセントにしています。

obi・memo

素材・ウール
長さ・約3m70㎝
適した帯・どんなものでも
難易度★

用意するもの

- ●クリップ（1個）
- ●帯締め

1

たれを下ろし、たれ先がふくらはぎの中央あたりにくるように調整したら、て・を持って胴に帯を二巻きします。二巻きしたら、て・は帯の上線でクリップで留め、下ろしておきます。

2

たれを折り上げ、たれ先を上から帯と帯板の間に通します。

3

たれを下に引き抜きます。

4

左右対称になるように注意しながら、て・をお好みの長さで屏風だたみにします。このとき、クリップは適宜位置をずらしましょう。

5

たれを折り上げて再度、帯と帯板の間に通し、下に引き抜きます。

たれ

6

クリップを外し、たたんだてとたれの間に帯締めを通したら後ろで仮結びします。

7

バランスを整えたら、右まわりで帯を後ろに回します。

8

帯締めを結び直したら、でき上がりです。

かるた系帯結び❷

かるたりぼん

自分で結ぶ

かるた結びをアレンジした帯結びです。たれ先を重ねたり、羽根を目立たせたりすることで、華やかさをプラスしています。

錦織の袋帯を仕立て替えた半幅帯。しっかりとした厚みがありますが、結ばずにスタイルをつくることができます。

obi ● memo

素材・絹
長さ・約4m50cm
適した帯・短すぎないもの
難易度 ★

用意するもの

- ●クリップ（1個）
- ●帯締め

1

たれを下ろし、たれが床に少したれるくらいの長さに調整したら、てを持って胴に帯を二巻きします。二巻きしたら、ては帯の上線でクリップで留め、下ろしておきます。

2

たれを折り上げ、たれ先を上から帯と帯板の間に通し、下に引き抜きます。

3

左右対称になるように注意しながら、てをお好みの長さで屏風だたみにします。このとき、上にいくほど長さが短くなるようにしましょう。クリップは適宜位置をずらしたり、外したりします。

上にいくほど短く

て

4

たれを折り上げて再度、帯と帯板の間に通したら、下に引き抜きます。

5

たれを写真のように折ったら、たれ先を形よくずらします。

6

5のたれの上部を帯と帯板の間に挟み込み、全体のバランスを調整します。

7

クリップが残っていたら外し、たたんだてとたれの間に帯締めを通したら後ろで仮結びします。

8

右まわりで帯を後ろにまわしたら、帯締めを結び直して完成です。

笹結び

「浪人結び」とも呼ばれる、すっきりとした姿が特徴の帯結びをユリア流にアレンジ。スタイリッシュな雰囲気で女性からの人気も高く、ゆかたや夏きものとの相性も抜群です。

白の縮緬地に藍で茶屋辻模様を施した単衣と、涼やかな配色の博多帯を合わせた夏らしいコーディネートです。

obi・memo

素材・絹
長さ・約3m80cm
適した帯・長すぎないもの
難易度★★

用意するもの

●クリップ(1個)

1

ての長さを約70㎝とって胴に二巻きし、たれを斜めに折り上げたら右下をクリップで留めます。

＊帯を胴に二巻きするまでについては、40 ～ 41ページ参照。

2

たれが上になるように、てとたれを結びます。

3

たれを元からきれいに広げます。

4

たれの長さが手幅二つ分ほどになるように、たれを内側にたたみます。

5

たれを帯と帯板の間に通します。このとき、引き抜かずにてを入れるための輪をつくっておきます。

引き抜かず輪をつくる

6

て先を帯幅の半分できれいに折ったら、5のたれの輪に通します。

7

たれ先を下に引いて締め、全体のバランスや形を整えます。右まわりで帯を後ろにまわしたら完成です。

夏らしい装いに ぴったりな「笹結び」

すっきりとした「笹結び」は見た目にも涼しげで、夏らしい装いに最適の帯結びです。ブルー系やモノトーン系のカラーでまとめたコーディネートを楽しみたいときや、注染（ちゅうせん）のゆかたで粋に決めたいとき、きりっとした博多帯を締めたいときなど、格好いいおとなの雰囲気を楽しみたいときにぜひ結んでみてください。

ゆかた

半幅帯のコーディネート

**ソレイアード模様を
糸芭蕉の帯でおとなゆかたに**

南仏プロヴァンスを代表する生地ブランド、ソレイアードの模様のゆかた。吸水速乾ポリエステルの東レセオアルファ® を使用。アバカ（糸芭蕉）の半幅帯を合わせて。ゆかた／荒川　㊐伊勢丹新宿店　帯／ M+abaca

※特に表記のないものは、すべて㊐壱の蔵 青山サロン

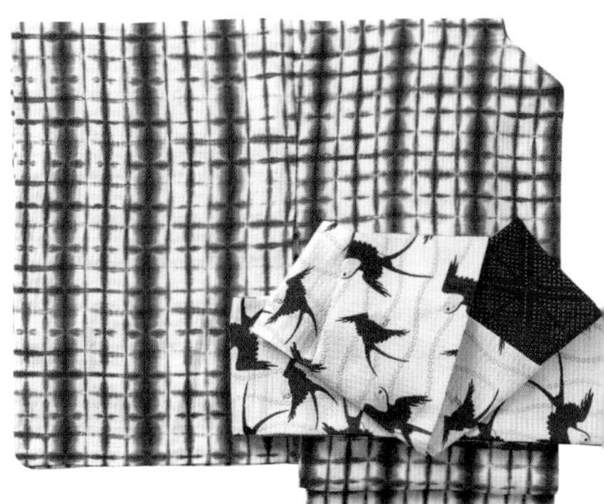

綿麻が着やすい
濃い地のバラ模様

乙女心をくすぐるバラ模様、麻混のため綿100%よりもシャリ感があって着やすいゆかたです。シックな色の麻のレースの半幅帯を合わせて。帯締めをつけるだけでも落ち着きが出ます。

板締め絞りのゆかたに
立涌につばめ柄を合わせて

綿50%麻50%の生地を板締め絞りで藍色に染めたゆかた。絞り染めはゆかたの定番、好きなモチーフの帯を探して遊び心を取り入れて。あえて紺と白だけの色数を抑えた装いでシャープに。

小紋調のゆかたに献上柄を合わせて

小紋きものに見える切子模様のゆかたはセオアルファ® 生地です。博多献上柄の半幅帯で、半衿をつけて足袋をはけば、きもの調に装えます。ゆかた・帯／撫松庵　問伊勢丹新宿店

きもの風の柄付けのゆかたに刺繍の帯で

紫地にあやめ柄の縞模様のセオアルファ® のゆかた。細見え効果も期待できる柄付けです。月と雲霞が刺繍された帯で全体にきものの雰囲気に。ゆかた・帯／撫松庵　問伊勢丹新宿店

模様好きにはたまらない 更紗模様×ソレイアード

綿 75%麻 25%の更紗模様のゆかたにソレイアードの模様の帯で、色調を統一。ソレイアードとは「雨上がりの雲間からさす一筋の光」という意味。ゆかた・帯／荒川　問伊勢丹新宿店

裾模様がアクセント 合わせやすい麻の帯で

透かし麻の葉模様のセオアルファ® ゆかたとストライプ柄の麻の帯の取り合わせです。夏のお稽古着としても重宝しそうなおとなの雰囲気。ゆかた・帯／撫松庵　問伊勢丹新宿店

おとなのゆかた 基礎知識

「半衿をつけたら帯揚げか帯締めをつけて足袋をはく」と覚えましょう。
コーディネートは色柄合わせが基本ですが、素材感を合わせることも重要なポイントです。
おもなゆかた生地の種類をご紹介します。

綿コーマ

綿麻

一般的な綿のゆかた地。糸を紡ぐ前に、余分な繊維を取り除く「コーミング」という工程で表面の不要な繊維を15～20％ほどそぎ落としてなめらかにした、コーマ糸を使った生地のこと。洗濯をしても生地表面に毛羽が立ちにくく、風合いが長持ちします。素肌に着るのに適しているので、半衿なし、裸足に下駄でお祭りや花火大会などへ。

綿麻のゆかたも多くつくられています。綿50％麻50％が主流ですが、割合はさまざまです。綿麻ゆかたは襦袢をつけずに着てもOK。とはいえ、おとなスタイルを目指すなら、麻の半衿に麻の足袋をはき、帯締めか帯揚げをつけて。

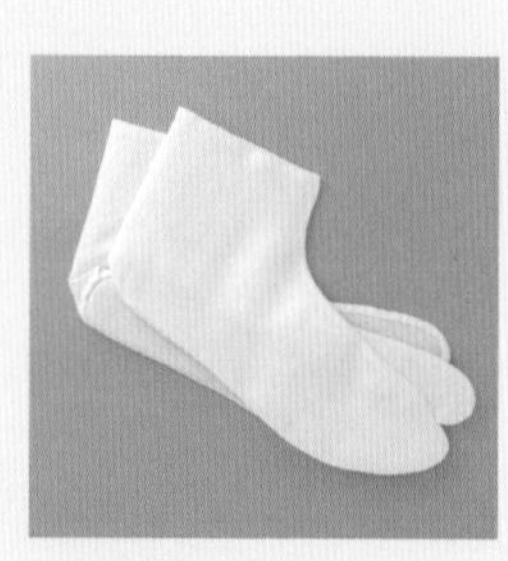

単衣・夏きもの・ゆかたには
麻素材の足袋がおすすめ。

綿絽

綿麻スラブ

紅梅

素材は綿100%。平織りの緯糸(よこいと)数本おきにもじり織りを入れて、絽目と呼ばれる透けを段状に入れながら織られた生地。レースのような隙間があるので下着だけでは透けてしまいます。半衿と足袋をつけてきもののように着るほうがふさわしいですが、綿で暑いため、襦袢は麻など涼しい素材、半衿は絽がおすすめです。

ざらっとした肌触りが涼感を生むスラブ地は、紡績の工程で適度な撚(よ)りのかかった細い部分と甘撚りの太い部分をつくったスラブ糸を使用した生地のこと。ゆかたでは綿麻素材が多く、綿の吸湿性と麻の通気性の両方の特性を生かしたシャリ感が特徴です。スラブ糸を先染めして縞模様にしたものなどがお洒落。

生地に四角い凹凸(勾配)ができることから、転じて紅梅と呼ばれます。綿100%なら綿紅梅、太い部分に綿を使い地の細い糸は絹を使ったものを絹紅梅といいます。生地の凹凸により肌に張り付かず、乾きやすさもある涼しい着心地、爽やかな透け感が人気です。半衿と足袋つきで。よりきもの風に着こなすために、帯揚げと帯締めを活用しましょう。絹紅梅は準夏きものととらえても差し支えありません。

番外編 角帯の帯結び 1

結んであげる

貝の口

男性は幅約10㎝、長さ約400㎝の角帯（かくおび）を使います。42ページの半幅帯の貝の口と同様に結びます。

1

てを約40㎝とります。

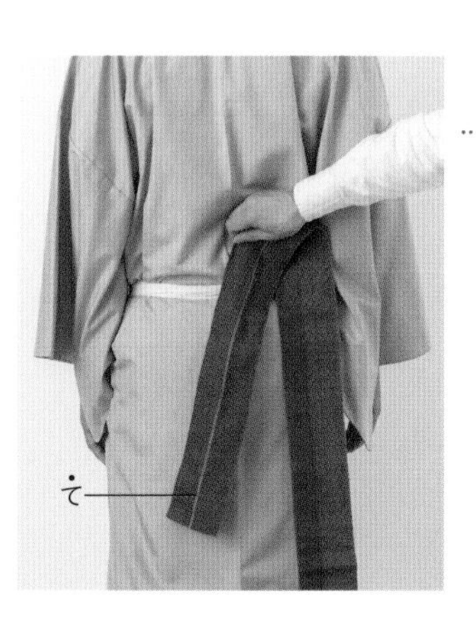

2

そのまま背中心から胴に3回巻きます。巻き終わりのたれを内側に折り込みます。

3

巻きはじめのてを引き出して、半分の幅に折ります。

4

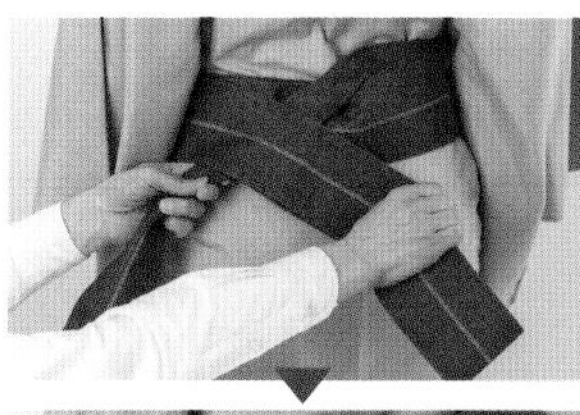

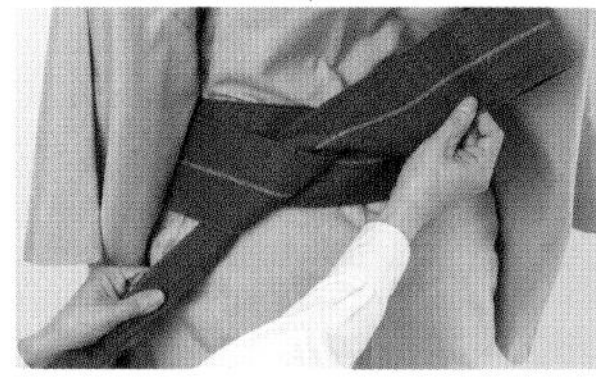

3のてをたれの下にくるようにして、たれを下から上に結びます。

5

結び目を整えて、てとたれをたてにします。男帯は結び目を背中心から少しずらしたところにつくると粋です。

6

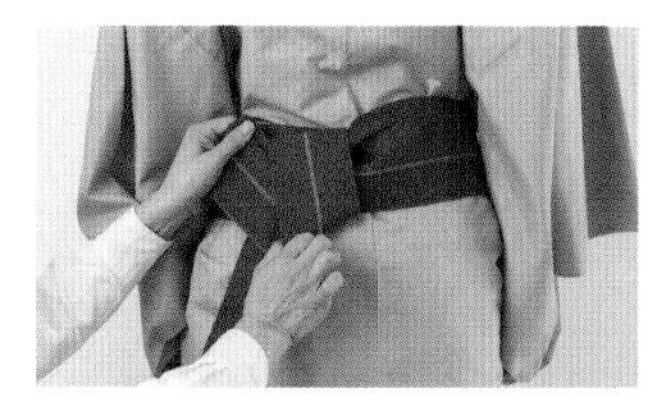

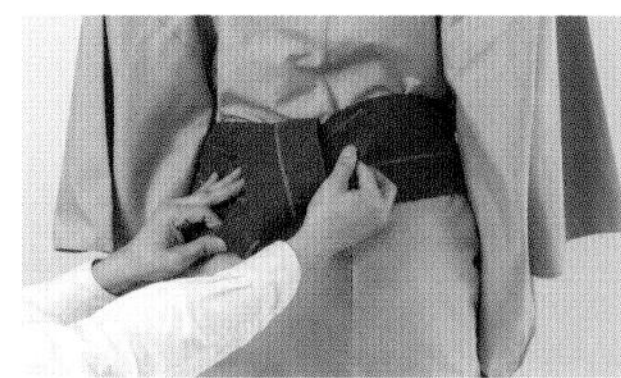

たれを下ろして、内側斜めに折り上げ、折り上げたところにてを入れ込んで整えます。

お尻側が少し浮くように立体的に結ぶと、より格好よくなります。

番外編　角帯の帯結び❷

浪人結び

結んであげる

羽織を着るときなどにおすすめの、平たい結び方です。48ページの片ばさみと同じ要領で結びます。

1

ての長さを約30㎝とります。

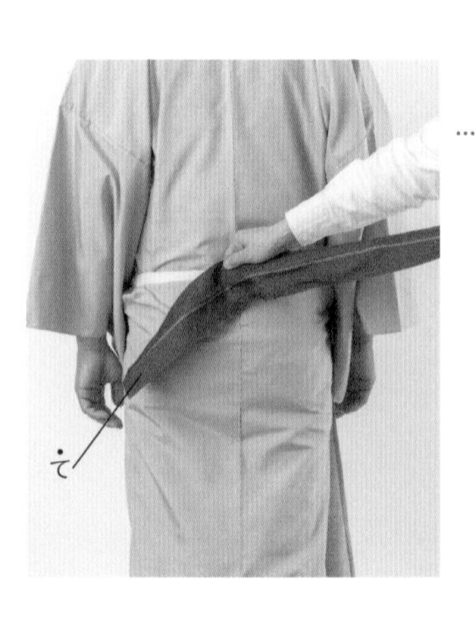

2

そのまま胴に3回巻き、残ったたれを脇までしっかり折り込みます。

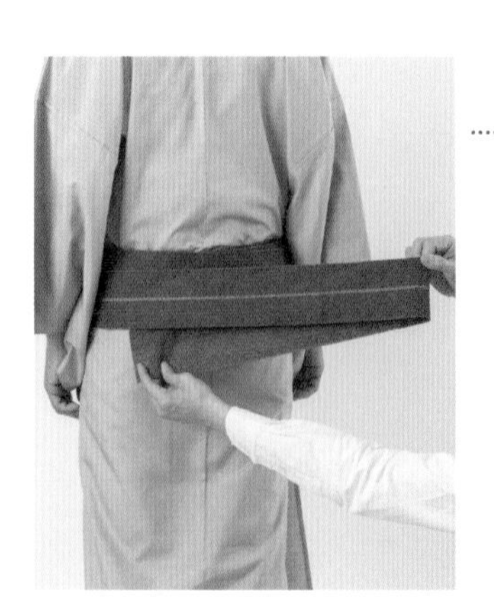

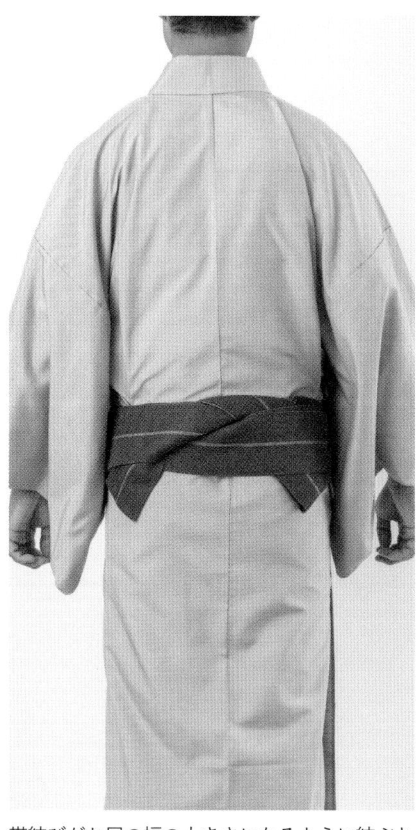

帯結びがお尻の幅の大きさになるように結ぶとバランスがよいです。

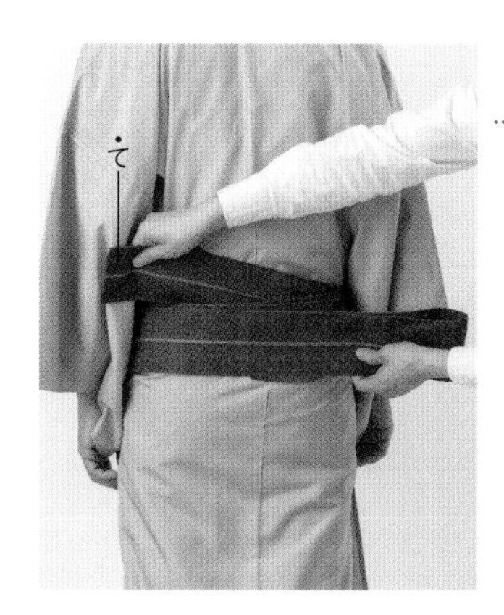

3

一番内側にある、巻きはじめのてを引き出します。

たれ

4

3のてをたれの下にくるようにして、たれをての下から通し、たれが上に出るように結びます。

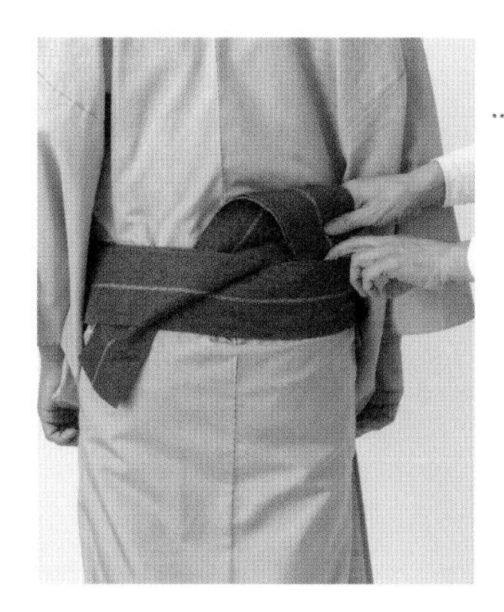

5

上に出たたれを胴に巻いた一巻き目に挟むように上から入れ込みます。

リメイク講座①

名古屋帯を半幅帯につくり替える

前帯として半分に縫われている部分はできるだけそのまま生かします。二重になっているお太鼓部分の布をほどいて伸ばし、前帯と同じようにするイメージです。

Before

名古屋帯

1 お太鼓部分が三角に縫い止められているところをお太鼓の引き返し部分が出てくるまで丁寧にほどきます。

2 お太鼓の引き返し部分をほどいて、一枚に広げます。

用意するもの

- ハサミ ●アイロン
- 手芸用スティックのり
- クリップか洗濯ばさみ
- メジャー ●針と糸
- チャコまたはアイロンで消えるタイプのペン

◉ 準備

名古屋帯の全長を測ります。
この帯は340cmでした。

3 引き返し部分についている帯芯をはずします。

お太鼓柄側と引き返し側のそれぞれに帯芯が入っています。たれ先はこの帯のようにわにして縫い込まれている場合と、引き返しが別布になっている場合があります。

4 作りたい半幅帯の長さにするために、3でほどいた引き返しを含む全体の長さを測り、ぬいしろ3cm分を足した長さで切ります。

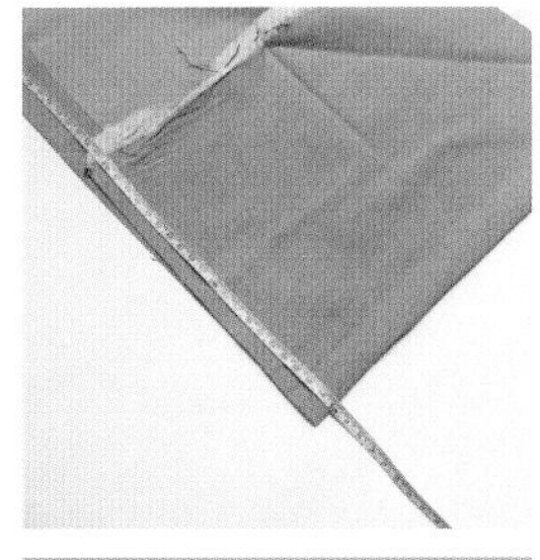

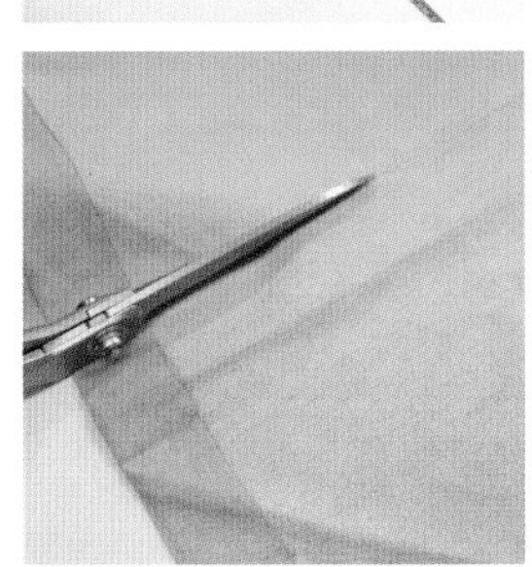

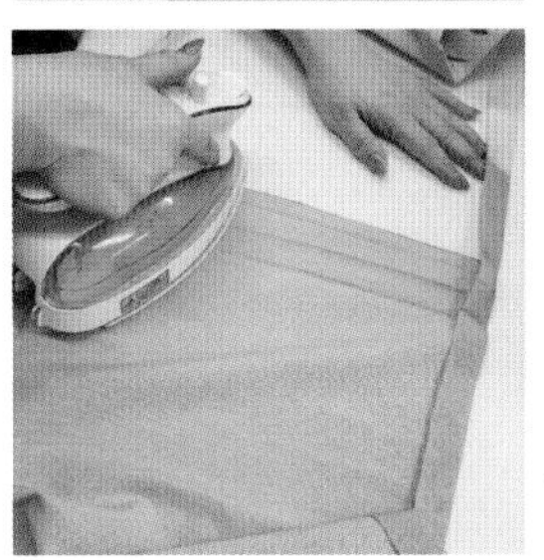

全体にアイロンをかけてきれいにします。

5 表側の帯芯に3ではずした帯芯をつけます。平行になるように気をつけて1cmくらい重ね合わせ、手芸用スティックのりで接着します。

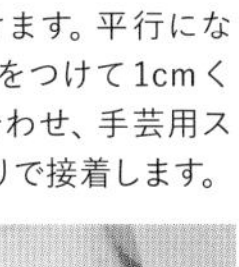

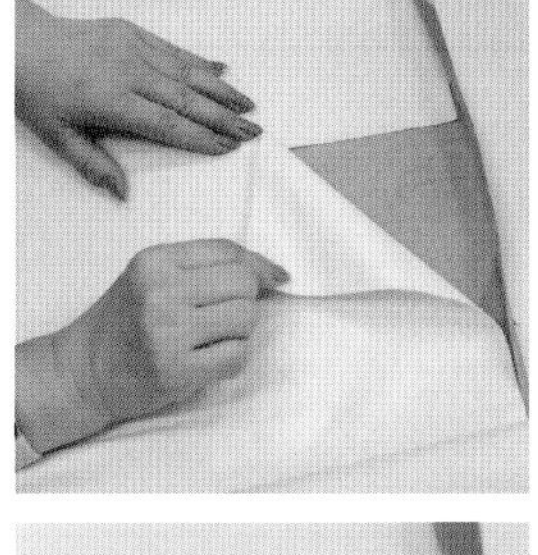

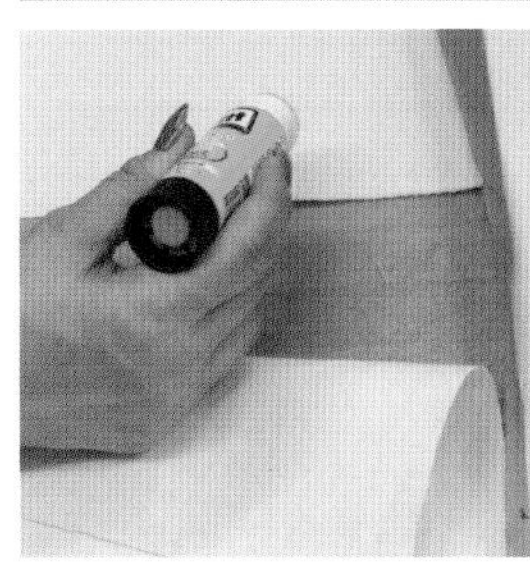

6

表側から折って帯芯をくるみ、端から5㎜くらいのところで左右それぞれを縫い止めておきます。

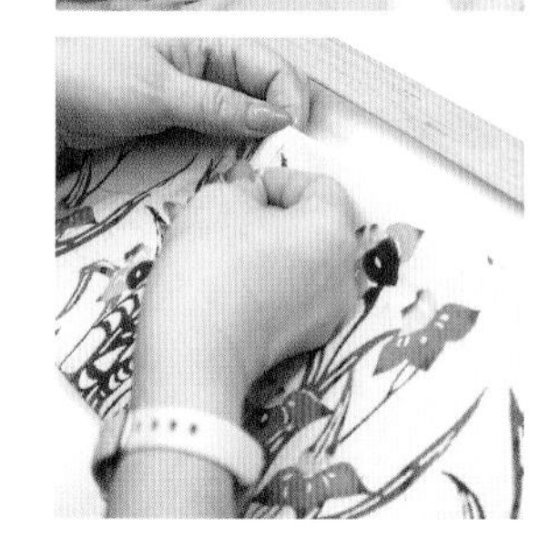

7

お太鼓の三角をほどいたところから40cm測って、左右それぞれに印をつけます。

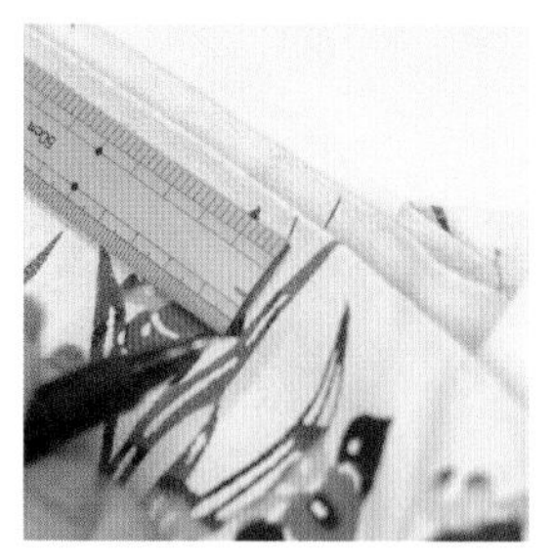

チャコ、もしくはアイロンの熱で消えるタイプのペンがおすすめ

8

中表になるように半分に折って、7でつけた印どうしで合わせて、マチ針で留めます。

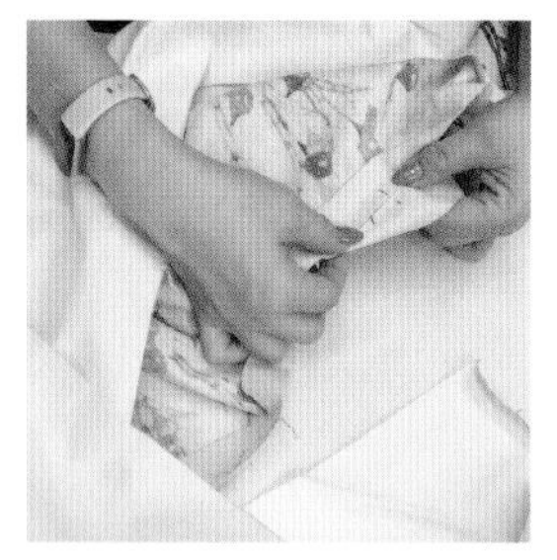

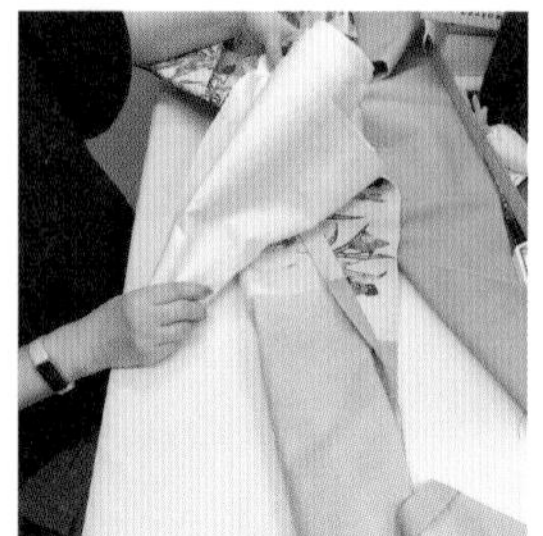

出ている帯芯は邪魔になるので丸めておいてください。
この40cmが中表で縫ってひっくり返すときのアキになります。

9

7で測った40cmを残して、それ以外をマチ針やクリップ、洗濯ばさみなどを使って生地が動かないようにたれ先まで留めておきます。

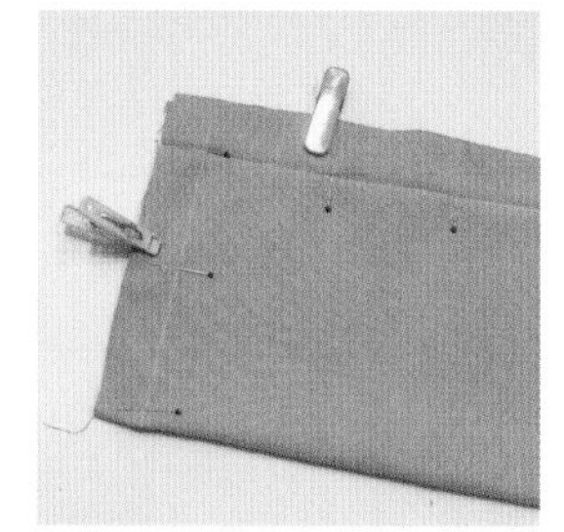

10

残しておいた40cm部分のぬいしろを開いてアイロンをかけます。ひっくり返して反対側もアイロンをかけます。

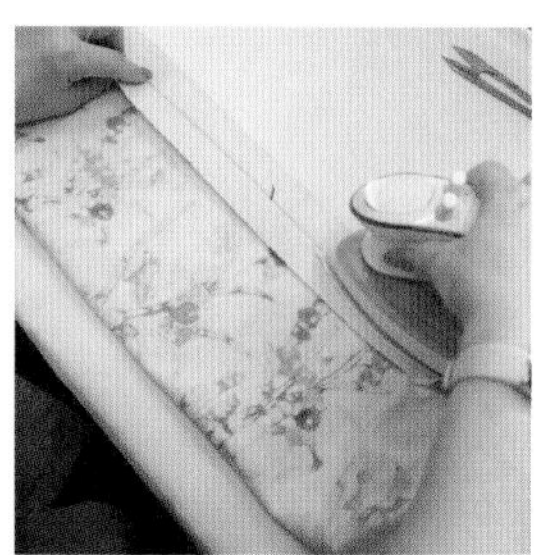

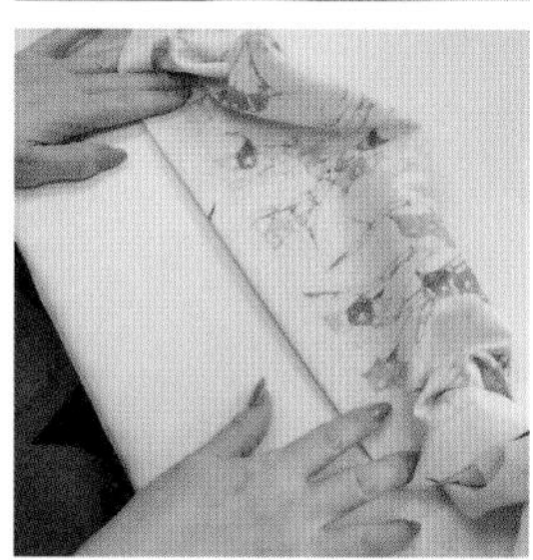

11

たれ先の端から短辺・長辺ともにぬいしろを1cmとって印をつけ、まず短辺を長辺のぬいしろまで縫います。(ミシンでもOK)

12

長辺も、たれ先から始めて40cm残したところまで縫っていきます。

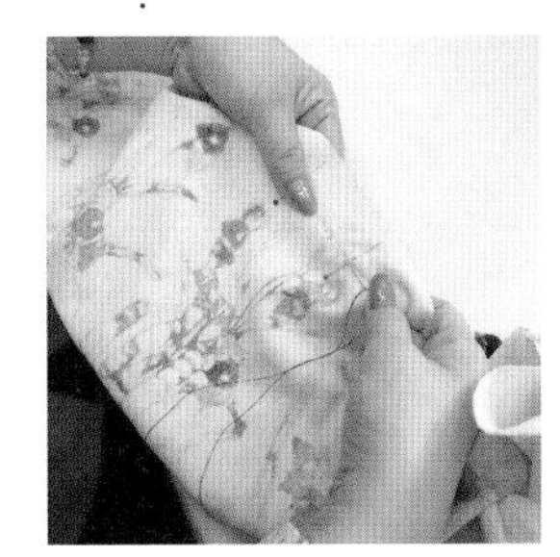

写真は手縫いですが、ミシンでも。

13

アイロンをかけます。長辺のぬいしろは手前側と反対側に割ってアイロンをかけます。

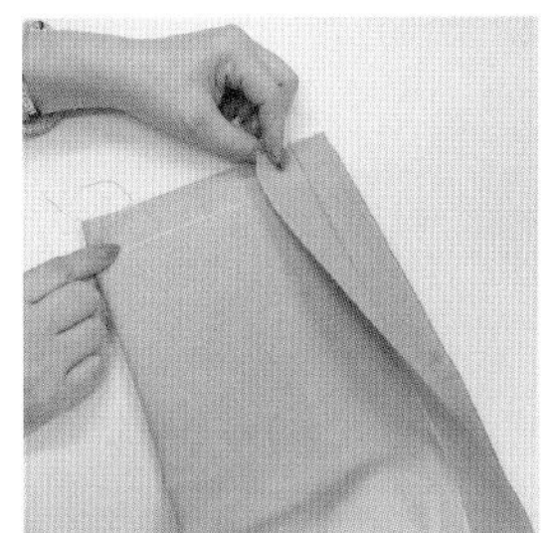

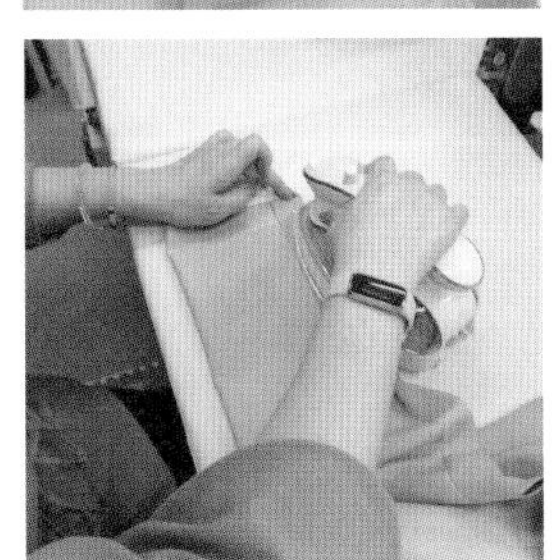

14

短辺のぬいしろは片側に倒してアイロンをかけます。

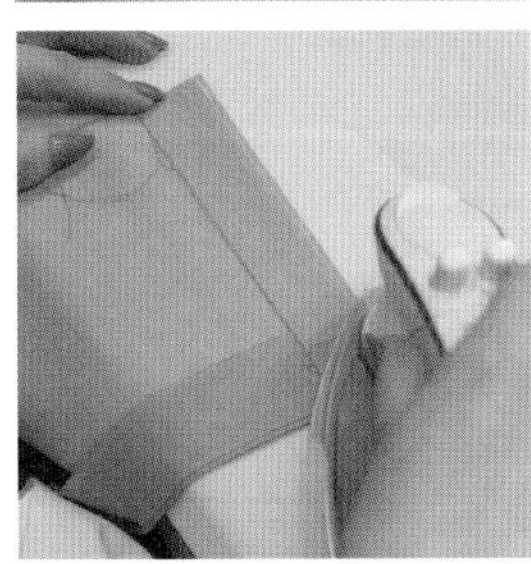

15

8で丸めておいた帯芯を戻していきます。アイロンで倒したぬいしろで帯芯をくるむように入れ込んでおさめます。

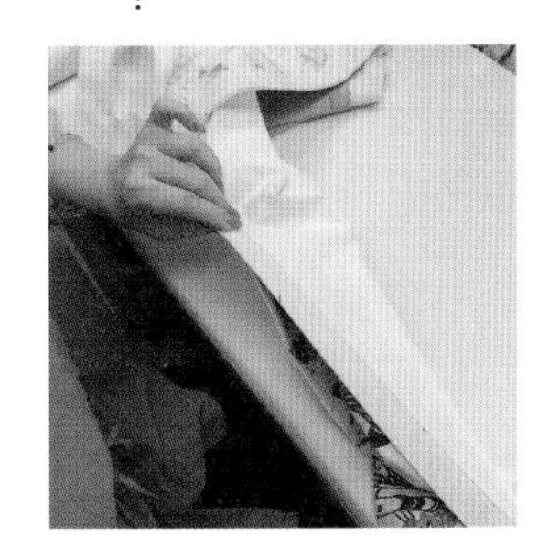

16

帯芯はたれ先の縫い線の2mm内側で線を引き、切り落とします。

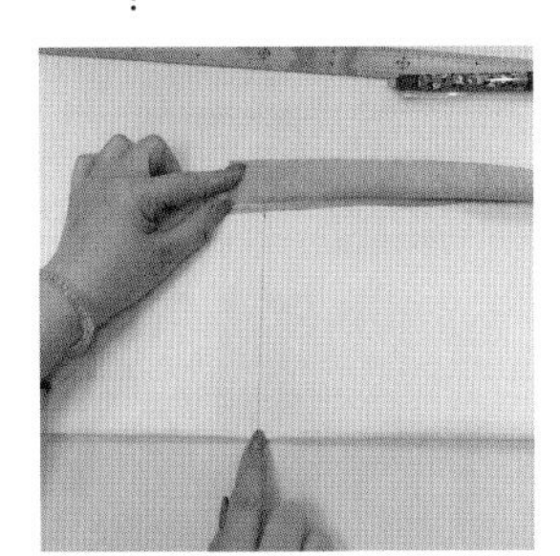

17

手芸用スティックのりで帯芯とぬいしろを接着します。

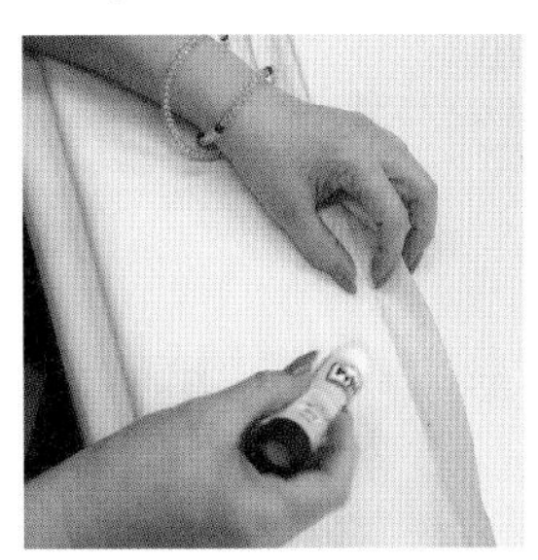

18

たれ先は14のアイロンの通りに、片側に倒して接着します。

19

いよいよひっくり返します。40cm残したところから手を入れて、たれ先をつまんで引っ張り出します。この段階でたれ先の角が丸くならないようにできるだけきれいな角を出すようにします。

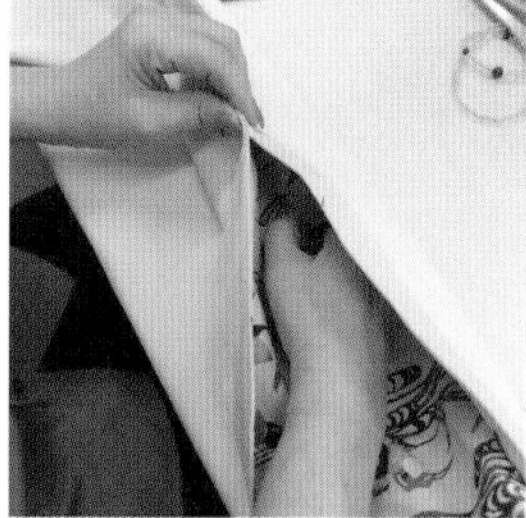

40cmの縫い残し部分から手を入れます。

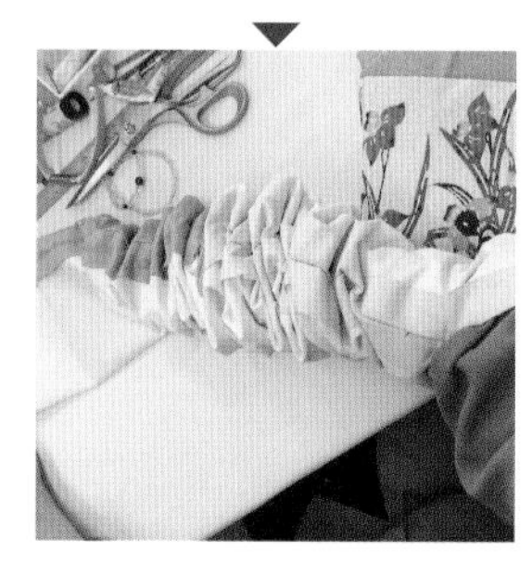

長いのでこんなふうにたぐり寄せながら、たれ先まで手を入れます。

たれ先の角をしっかり出すようにします。左手で押し込んで右手で引っ張るようにして、上下ともに角を整えておきます。

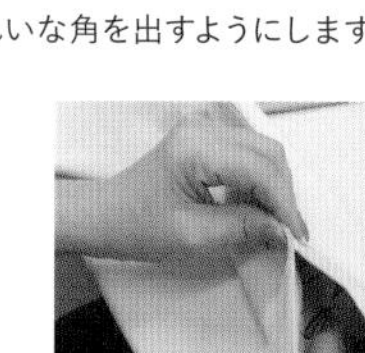

左手でも布を送る要領で、右手で引っ張り出して裏表を返していきます。

帯芯といっしょにつまんで返していきます。

全体を返します。

名古屋帯の仕立て方によって方法が変わってきます。
ここでは一般的な名古屋帯仕立ての場合を紹介しました。
基本は同じなので、いろいろ試してみてください。

20 角をきちんと整えながら全体にアイロンをかけます。

21 開いている40cmの部分の帯芯を手芸用スティックのりでのりしろに接着します。

22 最後に閉じ縫いをして、完成です。

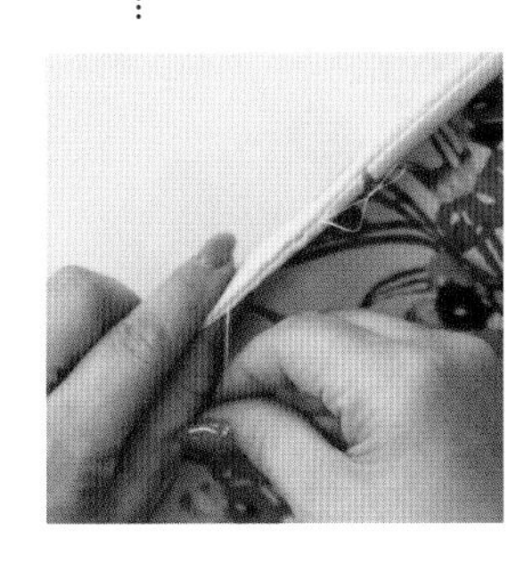

リメイク講座②

はぎれを使って半衿をつくる

お気に入りのはぎれを、半衿として楽しんではいかがでしょう。例えば左のはぎれは幅も狭くかなり短めです。これを衿芯の長さ（一般的な衿芯のサイズは幅10cm、長さ1mほど）になるように継ぎます。衿として出る部分は衿芯の中央から上前、下前ともに35cmほどなので、はぎれは合計80cmあれば十分にできます。

1 はぎれは14cm幅に揃えます。はぎれ一枚の長さが80cm以上ない場合は何枚かをつなぎ合わせて80～90cmの布にします。つなぐときは中表で、ぬいしろ5mm程度で縫い合わせ、ぬいしろは割って、アイロンをかけます。縫い合わせるところは衿で隠れる真ん中にするときれいな半衿になります。

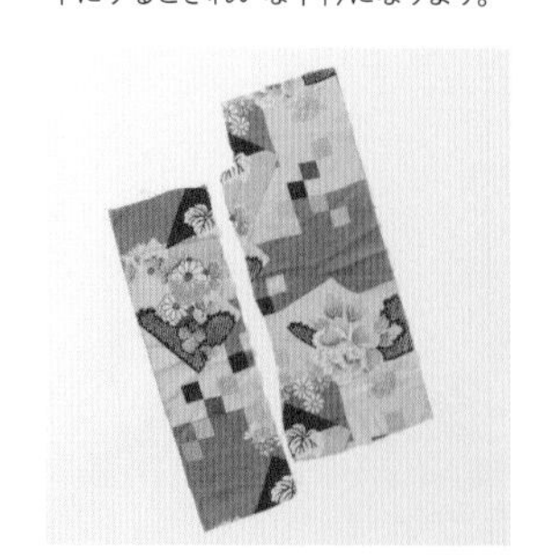

2 幅14cm長さ80～90cmの細長い布ができたら三河芯に縫い付けます。両端1.5cmずつで三河芯をくるみ、マチ針で留めます。

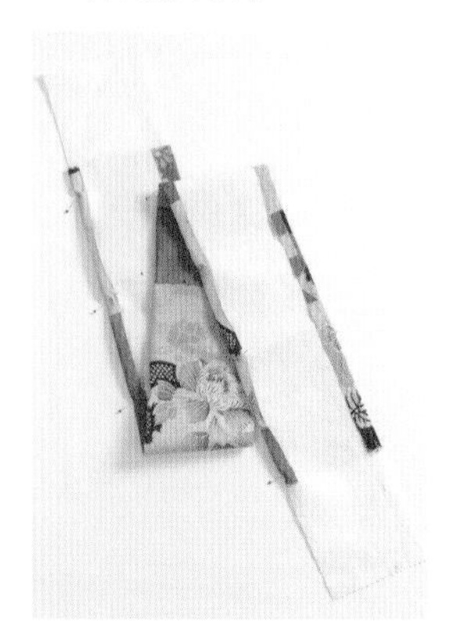

用意するもの

- 幅14cm長さ80cm以上のはぎれ
- 三河芯（バイアス衿芯）
- ハサミ
- アイロン
- 針と糸

真ん中に5cmくらい、舞妓さんが芸妓さんになる「衿替え」のときのような赤い布を入れてつくると、後ろ姿のちょっとした遊び心が楽しめます。

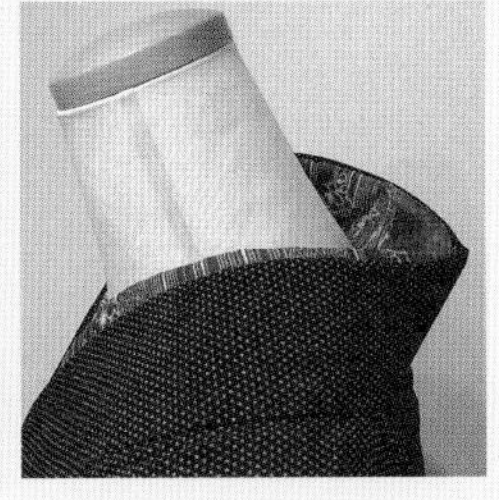

3 はぎれと三河芯を、しつけ糸を使って3cm間隔で縫い付けます。

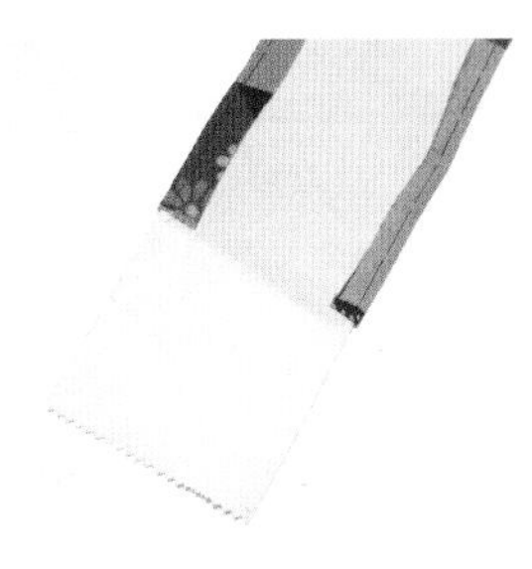
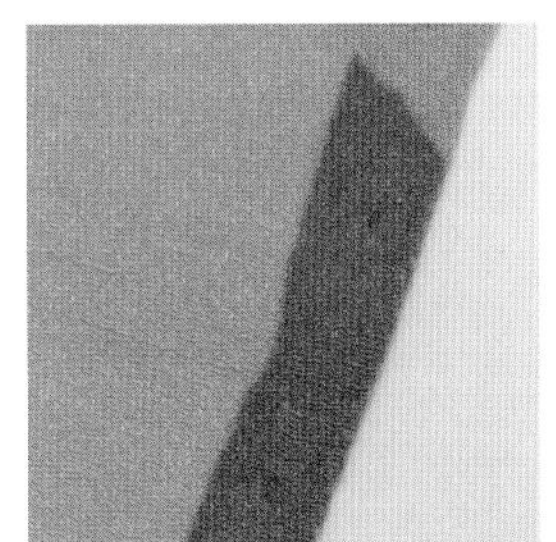
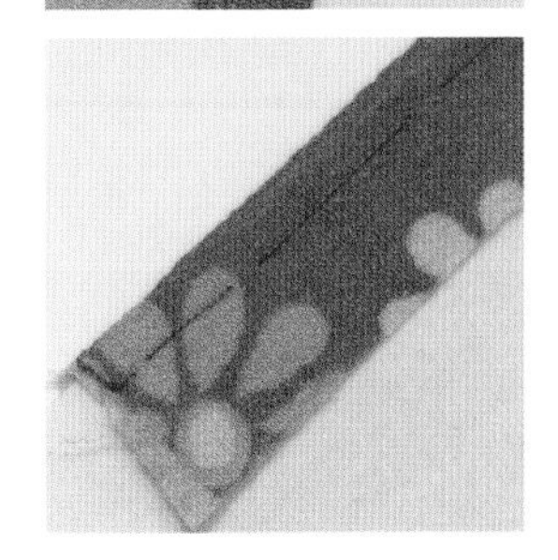

4 左右とも縫います。縫い終わったら全体にアイロンをかけてでき上がりです。

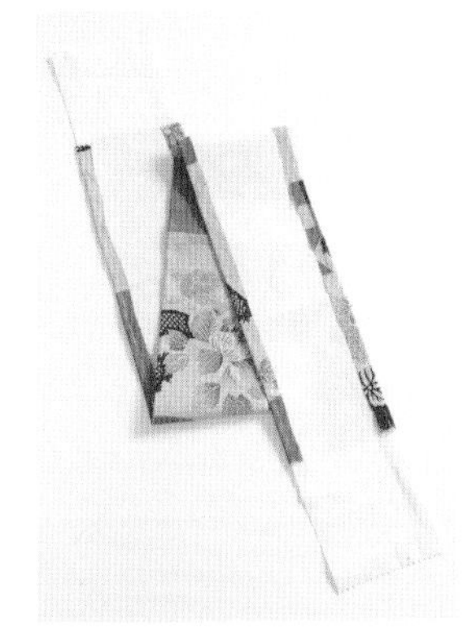
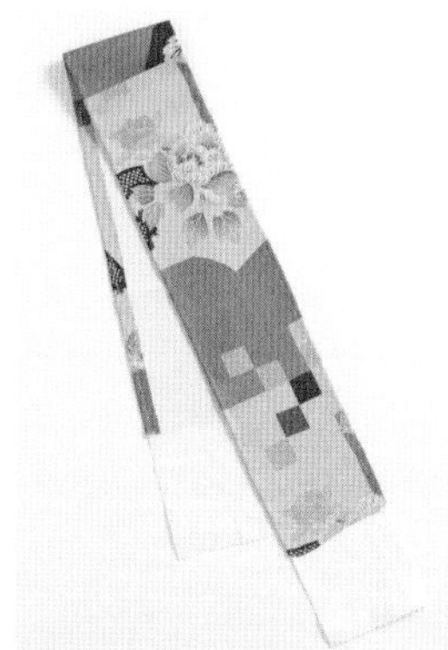

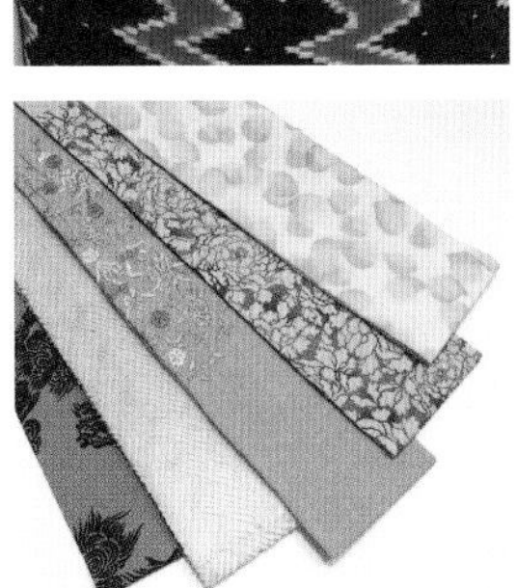

何枚かつくっておくと、コーディネートの幅が広がります。

ブックデザイン＊岡本佳子　伊丹弘司（certo Tokyo）

撮影＊西山 航・伏見早織（世界文化ホールディングス）

ヘア＆メイク＊高橋亜季（EMBELLIR）、林 さやか

着付け＊伊東由佳、春日ノリヲ（壱の蔵）

校正＊円水社

編集＊古谷尚子　中島敦子　佐藤千寿香（世界文化社）

<協力>

岩井香楠子　松本美和子　小田真紀　田中章恵　幡 真知子

<撮影協力>

kudan house　神楽坂 和茶

<掲載品お問い合わせ先>

壱の蔵 青山サロン　☎ 03-6450-5701　@ichinokura.info

伊勢丹新宿店　☎ 03-3352-1111（代）

橋爪合資会社　☎ 052-621-1035　info@hashizumeshoten.com

井登美　☎ 03-3662-2661

自分で結ぶ　結んであげる

おとなの半幅帯結び

コーディネートブック

単衣・夏きもの・ゆかた

発行日／2024年7月10日　初版第1刷発行
　　　　2024年9月20日　　第2刷発行

著者／弓岡勝美　マドモアゼル・ユリア

発行者／岸 達朗

発行／株式会社 世界文化社

〒102-8187

東京都千代田区九段北4-2-29

編集部　☎03-3262-5751

販売部　☎03-3262-5115

印刷・製本／株式会社 リーブルテック

ISBN 978-4-418-24412-6